ホンネを隠すと仕事はうまくいく

—できる人がみんな使っている超心理術—

内藤誼人

祥伝社黄金文庫

まえがき

仕事をやっていればわかると思うが、自分のホンネを相手に読まれないことは、非常に大切である。この能力は、他のビジネススキルに負けず劣らず重要である。にもかかわらず、「どうやってホンネを隠すか」というテーマは、誰も真正面から、真剣に論じてこなかった。おそらく、あまりにもくだらないテーマであるとか、瑣末《さまつ》な問題として一笑《いっしょう》に付《ふ》されてきたのであろう。

けれども、この能力は、**過酷《かこく》な現代社会でしたたかに生き抜いていくためには絶対に必要なスキルなのである。**

たとえば、ビジネス交渉。交渉においては、自分の考え、感情、要望をいかに隠すかが肝要《かんよう》であって、こちらが何を考え、何を望んでいるのかが相手に簡単に見抜かれてしまっては、ダメなのである。

「はは ぁ、お前が考えていることが全部わかったよ」と言われるようでは、相手にいいように振り回されてしまうことは避けられない。

ビジネス交渉というのは、きわめて高度な「腹《はら》の探り合い」が必要なのであって、簡単に自分の考えがばれてしまうようでは困るのである。自分の考えが、すぐ顔に出てしまうようでは、はなはだマズイのである。

私は、仕事で人に会うときには、かなり強気な姿勢で出向く。その強さは、自分の弱さの裏返しにすぎないのだが、それがばれないように慎重に隠しながら、強面《こわもて》の人間であるかのようなアピールをする。およそ相手が飲めないであろう条件を平気な顔で吹っかけることもあるし、恫喝《どうかつ》、懐柔《かいじゅう》、攪乱《かくらん》などを使って相手を引き回し、「いったい、この男は何を考えているんだ?」と思わせることも多い。

なぜ、私はこのような作戦を実行しているのか。その理由は単純で、**ホンネを読ませないようにしたほうが、〝得るものがとんでもなく多い〟**ということに気がついたからである。ビジネスというのは、どんなにキレイごとを並べても、結局は、金儲《もう》けなのだ。お金をたっぷり稼ぎ、利益をあげなければダメなのだ。

仮に1万円でできそうな仕事があるとしよう。しかしこんな場合に、「この仕事ですと1万円くらいでしょうか……」と素直に申し出るようでは、当然ながら1万円しか手に入れられない。

ところが、こちらのホンネを一切読ませず、**「お友達価格でいいよ、20万円でどうだ?」とか「今回だけね、30万円でどう?」と吹っかけてみると、意外なことに、「はい、それでお願いします」という返事がかえってくるものなのだ。**ハッタリひとつで、手に入る儲けが、20倍、30倍の世界になってしまうのである。私のホンネとしては、「こんな仕事、俺なら片手間で30分もあればできるのにな。そんなにもらっちゃって本当にいいの?」と拍子抜けするのだが、ホンネを読ませなければ、これくらいのことは朝飯前にできるようになる。これは本当である。

人間関係においても、ホンネを読ませないことは重要である。

たとえば、上司に叱《しか》られて、すぐにムッとした顔をしたり、ふてくされたりするような、そういう「お子さま」は、結局のところ上司の歓心《かんしん》を買うことはできないし、出世もおぼつかない。

上司に叱られたときは、たとえホンネとしては、「手近なもので殴《なぐ》ってやりたいな」と思いつつも、それでもニコニコしながら、**「いやぁ勉強になりました」と笑って、頭を深々と5秒以上もさげられないようではダメなのだ。**ホンネのひとつやふたつ隠せなくて、どうやってこの社会で生きていこうというのだ。

ホンネを読ませない技術は、普通のサラリーマン社会に生きる人間なら、誰でも知っておくべき処世術《しょせいじゅつ》である。

本当は掃除などこれっぽっちもしたくないのだが、それでも嬉々《きき》としてオフィスのごみを片づけたり、本当はとんでもなく退屈な話なのに、目を輝かせながら「……ふうむ、タメになるお話ですね」と神妙《しんみょう》な顔でつぶやいてみせたり、本当は臆病者《おくびょうもの》なのに、西郷隆盛《さいごうたかもり》のような威厳《いげん》を漂《ただよ》わせてみせたりと、いろいろな場面で役に立つのが、本書で紹介する技術なのである。

なんだか御大層な書き出しになってしまったが、それほど難しい話をするわけではない。べつに難解な理論を提唱しようとも思っていないし、内容としては、普通の人間であれば、ごく普通に理解でき、ごく当たり前のように実践できるものばかりである。

これまで、「素直に」仕事に取り組みすぎて、あまり良い結果が得られなかったみなさんに、ぜひ一読してほしい。どうか最後までよろしくお付き合いください。

目次

第1章

現代社会をしたたかに生き抜く超心理テクニック……15

――できる人ほどホンネを隠している

第2章

仕事がやりやすくなる！ ウソがばれない心理術

——できる人がこっそり使っている！ 禁断のテクニック

第3章 弱い自分を見抜かれないための超心理テクニック……103

――自分の価値を上げるための絶対ルール

第4章 できる人、好かれる人になる! 超「会話」「交渉」テクニック……139

──相手の一枚上をいく! 話し方の心理術

第5章 好かれる人は「ネガティブなホンネ」をこうして隠す
——「苦手意識」を見抜かれないテクニック

ブックデザイン　井上篤（100mm design）

第1章

現代社会をしたたかに生き抜く超心理テクニック

── できる人ほどホンネを隠している

▼人生の勝利者ほど、ホンネをうまく隠している

誰でも自分を偽《いつわ》りながら生きている

私たちは、大なり小なり、自分を偽《いつわ》りながら生きている。偽らないと生きていけない社会だから、そうやっている。ホンネをうまく隠しながら、やりたくもない仕事をやり、したくもない行為をする。なんだか悲しくなってしまうが、それが現実。**現実なら、目を背《そむ》けるのではなく、直視して、それを乗り越える手段を真剣に考えるべきなのだ。**

ホンネをむき出しにして、自分のやりたいことだけをして人生を過ごせたら、どんなに爽快《そうかい》であろう。ちょっと空想してみるだけで、涎《よだれ》が出そうだ。しかし、現実には、そんな幸運が自分のところに舞い込むことなど、とうてい考えにくい。

時速160キロを超える豪速球を投げられるピッチャーや、画商が列をなして作品を求めてくれる芸術家にでもなれるなら、自分の感情を隠すことなく、おおっぴらにホンネを言うことができるのかもしれない。

俗に言う、天才や神様などと呼ばれるような人なら、どんな相手に向かっても、「俺は、

お前みたいに偉そうな顔してるヤツは大っきらいなんだよ」と失礼なことを言ってみたり、「こんなくだらねえ仕事、やってられるか」と傍若無人《ぼうじゃくぶじん》に振舞《ふるま》うことも、ある程度までは、許容《きょよう》されるであろう。

しかし、現実は、どうか。

残念なことに、読者のみなさんは（私も含めて）豪速球を投げることもできなければ、何億円出してもいいから、ぜひ作品を譲《ゆず》ってくださいと頼まれることもない。**私たちは、それなりに身を慎《つつし》みながら、謙虚《けんきょ》に生きていかなければならないのである。**

自由奔放《ほんぽう》に生きたいと願っても、ホンネを隠しながらでなければ生きていけない社会構造のなかで、どうにかこうにか世渡りしていかなければならないのである。それを嘆《なげ》いてみても、どうにもならない。ホンネを隠さなければならないのなら、**いかにうまく隠すかということに心を砕《くだ》いたほうが、はるかに有益だ。**

ホンネを隠すことをためらうな

では、どういう人ほどホンネを隠すのがうまいのか。

それは、**ホンネを隠すことをためらわない人である。**必要とあらば、平気で、二枚舌、三枚舌を使える人ほど、ホンネをうまく隠すことができ、結果として、複雑な社会や組織の中を、スイスイと泳ぐことができるのだ。

テキサスA&M大学のデボラ・キャシー博士によると、ウソをつくのがうまい人は、実際に、そういう心構えを持っているそうである。読者のみなさんには、**ウソをつくのも、ホンネを偽るのもへっちゃらさ、というお気楽な精神構造を持ってほしい。そのほうが仕事も、生きていくのもラクになる。**

「人間は、ホンネで生きなければダメなんだ」とか「人として腐《くさ》ってしまうんだ」と青臭い反論をしたい読者がいるかもしれない。だが、青臭いだけでは人生は生き抜けないのだ。もう少し現実を直視し、それを乗り越える技術に精を出すべきであろう。

▼堂々と自信たっぷりでいれば、ホンネは絶対読まれない

万引き常習犯の心理

言いたくもないお世辞《せじ》を言わなければならないとき、たいていの人は思う。「心にもないことを口にすると、相手にばれちゃうんじゃないですか？」と。

しかし、大丈夫だ。**基本的には、ばれない。**

「基本的には」という限定句をつけたのは、自分の心の中で、「ばれるのではないか」という不安を抱えていたり、いいかげんなことを口にするのは倫理的に問題があるのではないか、などと**余計なことを思っているときには、ばれてしまう**ということである。

たとえが悪すぎて恐縮なのであるが、はじめて万引きをする人の行動を考えてみよう。おそらく彼は人生ではじめての万引きのため、手は震え、視線をきょろきょろさせて、挙《きょ》動不審《どうふしん》な態度をとるであろう。だから、店員にもばれる。その点、万引きに慣れた人は、ごくごく自然に、商品を盗《ぬす》む。だから、ばれない。

ホンネを相手に読まれない人は、自分が悪いことをしているとは、これっぽっちも思っ

ていない。自分が悪いことをしているとは微塵《みじん》も思っていない。そんなものは、はなから頭の中にない。だから、すべての行動が自然である。結果として、熟練の万引き常習者と同じように、言動がスムーズである。だから、相手も心を読めないのだ。

「万引き常習者のようになれ！」などと言うと、マジメな人からは本気で怒られそうであるし、クレームもくるかもしれない。

だが、私が言いたいのは、**仕事でホンネを隠すことはそれほど悪いことでもないのだから、自然にしていれば、基本的にはホンネを読まれることはないよ、ということである。**

もちろん誤解がないように断わっておくが、私は万引きを勧《すす》めているわけではない。勘違いされても困るので、この点はとくに念を押しておく。

たいがいのウソは見抜けない

「本当に、普通にホンネを隠していれば、相手にばれませんか？」という心配を抱えている人がいるかもしれないが、それは大丈夫である。ニュージャージー州立大学のマーク・フランク博士がやった実験によれば、**たいていのウソ（心にもないことを言う、などのウ**

ソ）が、**相手に見抜かれる確率は、60％を超えることはなかった。**べつに特別な知識もなく、訓練もしていない実験参加者でも、ウソはばれなかったのである。だから安心していい。

しかも、読者のみなさんは、これからじっくりと私の紹介するテクニックを学ぶことになる。それらを駆使《くし》すれば、もっと上手に相手をだませるようになる。

さしあたっては、**社内の女性に向かって、「おはようさん。今日も、いい笑顔だね。最高！」と声をかけるところからはじめよう。**心にもないお世辞だといえばそうであるが、あなたがそんなことをちっとも思っていないことは、相手にはわからない。

しかも、あなたがそんなふうに思っていないことがばれても、それでも相手はホメられてにんまりすることは間違いない。はじめは、これくらいのところから徐々にスキルアップしていくとよいだろう。

▼嫌いなことは3倍ホメろ

やりすぎくらいがちょうどいい

読者のみなさんは、上司やお客さんに、まったく興味のない写真を見せられたことがないだろうか。

「どうだ？　これ、うちの娘の運動会の写真なんだ。俺に似てカワイイだろう？　娘は、男親に似ると、美人になるっていうしな、ガハハ」

こんな感じで会話をされると、たいていの人は、「はぁ……そうですね」と気のない返事をして終わりにしてしまうのではないか、と思われる。

しかし、それでは写真を見せてくれた上司に対して失礼というものであるし、なにより「たいしてカワイイ娘さんだと思えない」という、あなたのホンネ部分がばれてしまう。

そういうホンネは胸の奥にしまっておき、ばれないようにするのが処世の術。

私ならば、こんなときには大げさな感想を言う。

たとえば、次のような具合だ。

「えっ、これが○○課長の、娘さん⁉　子役のオーディションを受けさせたほうがいいですよ、ホントに。絶対、合格ですよ。いやぁ、娘さんが芸能人かぁ。羨《うらや》ましいなぁ。○○課長も、将来、10年くらいしたら、テレビに登場するんじゃないですか、『芸能人のお父さん』みたいな番組で」

やりすぎだと思われるであろう。文章にすると、たしかにやりすぎのきらいがある。しかし、**実際の会話では、これくらい大げさにやっておいて間違いはない**のであるし、それくらい大げさにやらないと、娘さんがあまりカワイイとは思えない、というホンネがばれてしまうのだ。

好きなことには饒舌《じょうぜつ》だ

テキサス技術大学の心理学者キャシー・ベル博士は、自分が好きな人の美術作品と、嫌いな人の作品をどちらもホメさせるという実験をしたことがある。

嫌いな人の作品をホメるのは、さぞ苦痛であったにちがいないが、ともかくそういう実験を学生にやらせてみたのだ。

すると、**私たちは、好きな人の作品では、嫌いな人のそれよりも4倍も多くホメることがわかったのである。**私たちは、**本当に好きなことを口にするときには、「大げさ」になる**ものらしい。

嫌いなものを好きに見せかけるためには、大げさにホメることが必要になる。**「ちょっとやりすぎたかな?」と思うくらいで、ちょうどいい。**中途半端にホメるよりは、過剰にやることを第一としよう。

お得意先の社長から、「俺は趣味で陶芸をやっているんだ。俺の焼いた作品を見てくれ」と、何やらわけのわからない物体を見せられたとき、「すごいですね」と一言で片づけてしまっていいものだろうか。もちろん、ダメである。「私は……正直なところ、陶芸のことがよくわからないので……」と逃げるのも同様だ。あなたがその作品を見て感心していないことが、相手に筒抜けである。こんなときも大げさに感心するのが正解である。

「ええっ、これが趣味の作品ですか。このレベルまで到達していると、陶芸家の先生だって、裸足《はだし》で逃げ出しちゃいますよね」と過剰にホメて、はじめてあなたはホンネを隠せるのである。そこまでホメなければダメなのだということを理解しておこう。

▼下心を隠して歓心を買いたいなら、食ってかかれ
茶坊主《ちゃぼうず》ゴコロを隠す方法

相手が年配者であったり、大切な得意先であったりすれば、あなたがやることはただひとつ、いかに嫌われずに歓心《かんしん》を買うか、ということに尽きる。これがホンネだ。わざわざ相手を不愉快にさせたり、嫌われたいと思う人はいないであろうから、相手にお世辞を言ったり、ホメ言葉のひとつもプレゼントするのは、人間関係の作法にもかなったことだと言える。

ところが、最初からスリスリ、ペコペコでは、相手にもあなたのホンネが全部透《す》けて見えてしまう。あなたがおべっかを使い、茶坊主《ちゃぼうず》のマネをしていることなど、相手もすべてお見通しである。そんなことをされても、ちっとも嬉しくはない。

では、〝歓心を買いたい〟というホンネは、どうやって隠せばいいのか。

2、3回押し合ってから負けを認める

そのためには「逆のこと」、すなわち、**「相手に食ってかかる」**という作戦が有効である。

相手の意見に対して1から10まで相手に同調していると、あなたがゴマをすりまくる人間であることがばれてしまうから、最初はあえて相手に食ってかかるわけである。

もちろん、食ってかかるのは、あくまでも演技なのであって、本当に大切なことは、そのあとで、折れるというか、相手に譲《ゆず》ることであることは言うまでもない。

2、3回、押し合ったあとで、すっぱりと自分の負けを認めよう。これであなたは茶坊主というより、きちんと自己主張のできる立派な大人として認識してもらえるだろう。**はじめは食ってかかり、しかるのちに降伏する。これがカワイイ負け方の美学と言えよう。**

「私なりの意見を聞いていただきたくて、ついはりきりすぎてしまいました。ですが、○○さんのお話をうかがっておりましたら、たしかにそうですよね。すべて納得できまし

た。若造《わかぞう》が生意気な口をききまして、大変に恐縮です」

これが正しい同意の仕方なのだ。

押し合いもせず、最初から「なるほど、いいですよね」では、相手も物足《た》りなさを感じてしまう。

たいした意見を述べたわけでもないのに、「やっぱり内藤先生は違う」などとお世辞を言われても、こちらの歓心を買いたい、という相手のホンネが透けて見えるので、なんだかな、という気持ちになるのと一緒である。少しは反論姿勢を見せてもらわないと、手ごたえがないのだ。

モノにならない女性はモテる

ウィスコンシン大学のE・ウォルター博士は、誰とでもデートしてしまうような女性よりも、なかなかモノにならないように振舞《ふるま》ってくれる女性のほうが、男性から一層好かれることをコンピュータ・デートによる実験で証明している。

女性がデートに応じてくれるのは、男性としては嬉しいのだが、すぐにあっさりOKをもらうと、それはそれで、ありがたみが薄れてしまうという好例だ。

相手を喜ばせようとして、お世辞を言ったり、相手の意見に同調するときにも、**あっさりやりすぎると、「ははぁ、こいつは俺に好かれようとして、迎合《げいごう》してるんだな」とホンネを読まれてしまう。**少しはじらさないと、相手も嬉しくないし、あなたが太鼓《たいこ》持ちになろうとしていることもばれてしまい、結果として、悪い評価を受けるので要注意である。

▼「こだわり」の見せ方しだいで、一目《いちもく》置かれる人に

絶対に譲らないものをつくれ

相手の歓心を買うときには、**あえて絶対に譲らないものをつくる**のもコツである。すべての点で相手に譲らないのでは、単なる「頑固者《がんこもの》」になってしまうが、たいていのことでは素直なのに、ある一点に関してはやたらに頑迷《がんめい》であるところは見せておいたほうがいいと思う。

たとえば、ひいきのプロ野球チーム。あるいは自分なりのゴルフ理論。あるいは、仕事の流儀。ともかく何でもいいのだが、ある一点に関してだけは、歓心を得たい相手に真《ま》っ向《こう》から反対し、どんなことがあってもその立場を死守するのである。

スイスは永世中立国として有名だが、軍隊はちゃんと持っている。そして、自分からは他国に宣戦布告することは絶対にないが、だからといって俺たちの国に戦意を持って一歩でも踏み込んできたら本気で叩《たた》き出してやるからな、という気概《きがい》を見せている。こういうこだわりは、人間としても大切なことだ。

「おっしゃることはそのとおりだと思いますが、この一点だけは譲れませんよ」

そういう態度をとれば、相手も、あなたがすべて言いなりとなる臆病者《おくびょうもの》だとは思わない。確固《かっこ》とした意見を持つ、立派な人間であると思ってくれる。

本当のことを言えば、譲らない点でさえ、相手に譲ってもかまわないのだが、ナメられないように、あたかも「こだわり」を持っているように見せるのである。

フリーのデザイナーさんや、プロデューサーさんのような、個人で仕事をやっている人ならわかると思うが、仕事をするときには、このへんの呼吸がけっこう重要だったりするのである。

私は、仕事の依頼をされるとき、値引きの交渉には一切応じないことにしている。そこは譲らない。その他の条件ならニコニコして譲歩したりするのだが、クライアントが価格を安くしてほしい、と言ったとたんに、鬼のような顔で毅然《きぜん》として拒否する。**「私は、自分が安っぽく見られることに我慢ができないんです。この話はなかったことにしてくれませんか」**と言い残して、おもむろに立ち上がって帰ろうとすることもある。

もちろん、演技である。本当は、少しくらい安くしてあげてもいいのだ。それでもまったく痛痒《つうよう》を感じないのだ。それがホンネである。相手が価格を安くしてもらいたいことも、人情としてよく理解できる。

だが、そうやって仏の顔を見せると、「なあんだ、けっこう安くできるんじゃないの」と相手は図《ず》に乗ってくる。そしてこちらの気分としては、最初の1回だけ安くしてあげたつもりなのに、その次も、その次も、同じくらい安い値段で仕事を頼もうとしてくる。これではたまらない。仕事にもなりはしない。

また、私は原稿の修正に関しても、編集者の言うことを聞かない。「ここを、こんなふうに直してくださいよ」と頼まれても、「いや、そこはそれでいいんだ」と一歩も譲らない。本当は直したほうがいいのかもしれないが、手直しをするのは面倒くさいし、なによりそうやって譲らないほうが、自分の文章にこだわりを持った作家のように見えるから、めったなことでは譲らないのである。

安くない人間をアピール

結論として言えば、何でもかんでも相手の言いなりになって、自分の不満を溜《た》め込むよりは、**「俺は、そんなに安っぽい人間じゃないんだよ」**というアピールをしたほうが**長期的に見ても有益である。**他人に対して、必要とあらば、「鬼」にでも「阿修羅《あしゅら》」にでも「悪魔」にでもなれなければ、自分が地獄行きになってしまう。

どんなことがあっても譲らないことを決めて、最後の最後の最後まで、その点を死守することが大切である。**「そこを譲ったら、自分が自分でなくなっちゃいますよ」**と釘《くぎ》を刺しておくのもいい。「そうだ、お前は、俺の奴隷になれ、犬になれ」とまで強要してくる人など、そうそういるものではない。広い世の中にはいるかもしれないが、そんなに数は多くない。

「こだわり」を見せるのが、どうしても怖いのであれば、**「心情的には、○○さんの意見に譲りたいんですけどね……」**と殊勝《しゅしょう》な言葉だけは残しておいてもかまわない。また、さんざんじらしてからであれば、一度くらいは譲ってあげてもいい場合がある。それはケース・バイ・ケースである。

▼噂話は楽しいけれど、知らんぷり

噂話はするな！　近づくな！

私たちは、噂話が大好きである。

私も例に漏《も》れず、他人の噂には聞き耳を立ててしまうタイプだ。

しかし、**あなた自身が噂話の発信者になってはいけないのは言うまでもないが、できるだけ他の人がしゃべっている噂話にも加わらないほうがいい。**噂話をするには、かなりのリスクが伴う。君子《くんし》危《あや》うきに近寄らずを決め込んでおいたほうが無難であろう。たとえば、あなたの同僚が同じ会社の女性と付き合っているのを知っていたとしても、そんなことを他人に話す必要はない。不倫していようが、浮気していようが同様だ。

上司から、「きみの同僚の○○くんが、どうも水商売の女性とお付き合いしているようなんだが、何か知らんか？」と水を向けられても、とぼけておくのが正解。**「さぁ……、そんな話があるんですか。私のほうが聞きたいくらいです。課長は、ご存知ありませんか？」**で逃げよう。おそらく上司は、「それならいいんだ」と早々に立ち去ってくれるだろう。

もしあなたが調子に乗って、あることないことを上司に話したとしたらどうなるか。おそらくあなたが情報の発信者であることはすぐにばれてしまい、「あいつには何も話をしないほうがいいよ」と周囲の人に警戒されてしまうであろう。

いや警戒されるならまだマシで、ヘタをすると村八分、最悪のパターンになると会社にいられないほどのイジメを食らう可能性が高い。

どんな秘密を知っていたとしても、いや秘密を知っているからこそ、簡単に口に出さない慎重さがほしい。だいたい秘密を自分だけにとどめておくことができない人間は、子どもが親に隠し事ができないことからもわかるとおり、幼児性が強いのである。大人になりきれていない、未熟な子どもなのだ。

考えてみてほしい。日本語で、「口が堅《かた》い」といえば、ホメ言葉であるのに対して、「口が軽い」というのは、否定的なニュアンスが濃厚に漂っているではないか。だから、**他人の噂話などは、知っていても知らんぷりするのが正しい姿勢なのである。**秘密を知ったとき、それを他人に言いふらしたい気持ちはよくわかる。それがホンネだろう。「ねぇ、ねぇ、こんな話知ってる？」と、つい口が滑《すべ》りそうになることも心情的にはよく理解できる。が、それをやっちゃあオシマイなのだ。

誰でも、噂されるのは許せない

テネシー大学のP・ダボルカー先生は、20歳から44歳までのビジネスマン198名に対して、「どんなことが許せないか？」という聞き取り調査を行なったことがある。

この研究では、**「他の人に自分の情報を漏らされること」を許せないと答えた人の割合は、実に70・9%にものぼった。** 自分のいないところで、あれこれと噂されるのは、許せないことなのである。

みなさん自身、社内で自分のことが噂になっていたら、あまり良い気分はしないだろう。それは他の人だって、そうなのだ。己《おのれ》が欲《ほっ》せざるところ、他人に施《ほどこ》すなかれ、といわれるように自分がされてイヤなことは、他人にもしてはいけないのである。

でも、いい噂はどんどん流せ

もちろん、噂話をしてもいい場合がある。

それは、**「いい噂」を意図的に流す**場合だ。

たとえば、上司の噂をするときには、**「あんなにすごいことをやられたら、後につづく俺たちは困っちゃうよなぁ」**といった種類の噂をばらまくのである。そういう噂も、そのうち上司の耳に入るだろうから、上司のいないところで良い点をさかんに述べていてくれるあなたは、非常にかわいい部下としての評価を高めることができるであろう。

▼失言で失敗しないための習慣

ホンネは言葉にあらわれる

あなたの大嫌いな上司が率先して取り組んだ企画が、まったくうまくいかないままに終了したとする。「このプロジェクトは絶対に成功する！」と意気込んでいたくせに、箸《はし》にも棒にも引っかからないような悲惨な状況で終わったとする。

あなたは内心、嬉しくて仕方がない。ざまあみろ、と面罵《めんば》したい。といっても、上司は上司なのだから、うっかりと口を滑らせて「駄馬《だば》の先走りでしたね」などと言わないようにするのが部下としての思いやりである。

こんなときは、「駄馬の先走り」ではなく、**「時代が追いついていませんでしたね」**とでも言って、慰《なぐさ》めてあげなければならない。上司のことを「駄馬」扱いして、喜んでもらえるわけがないからだ。

気持ちというものは、言葉の選択にあらわれてしまうので注意が必要だ。ネガティブな気持ちを持っていると、無意識のうちに、ネガティブな表現を選んでしゃべってしまうのである。

頭の中のフィルターに必ず通す

たとえば、社内の人たちとお酒を飲みに行くとき、あまり来てもらいたくない先輩がいるとしよう。そういう気持ちでいると、うっかりと、「先輩も来てくださいよ。『枯《か》れ木も山のにぎわい』って言うじゃないですか」と、間違えた表現を私たちは選んでしまうものなのだ。

精神分析学の創始者フロイトは、私たちが失言するのは、それが無意識的な欲求のあられであると見抜いたが、だからこそ表現の選択に誤りのないようにしたい。

フロイトは、あまり会議に乗り気でない議長が、「これより会議を〝開始〟します」と言うべきところを、「これより会議を〝終了〟します」と発言してしまった例などを挙げているが、こういううっかりミスは、自分のホンネを他人に暴露《ばくろ》してしまうので気をつけたい。

言葉を発するときには、頭の中で反芻《はんすう》し、フィルターにかけるくらいのことは自由自在にできたほうがいい。

思いつきでしゃべっていると、うっかりと失言してしまうから、ネガティブなホンネが出ていないか、相手の耳にやさしく聞こえるか、ポジティブな表現になっているかをきちんと精査してから口に出そう。

文章を書くとき、私たちは自然と、正確な文法になるように心がけたり、言葉を慎重に選ぶものであるが、話し言葉のときにも、あたかも文章を書いているかのごとく、頭の中で簡単に推敲《すいこう》してから口にするようにすると、うまくいく。

とくに自分の感情や意見を、相手に読まれたくないときには、なおさら頭の中で推敲してから口に出すようなクセをつけておくとよい。

頭の中で、話すことをフィルタリングするクセをつけておくと、めったなことで失言しなくなる。 だいたい失言の多い人は、思いつきでおしゃべりしようとするから、相手を不快にさせるような言葉（つまりはホンネ）を言ってしまうのである。

「本当にこの表現でいいのかな？」と少しは頭の中で考えながら口にするようにすれば、間違いはない。うっかり変なことを口走って、「いや、そういう意味じゃないんです」と謝るくらいならば、ゆっくりと頭の中で表現を選ぶ心の余裕を持ちたい。

▼社内のゴシップとは、明確に一線を画しておけ

策略に引っ掛からないためにも、距離をとれ

職場のゴシップとは、なるべく距離をとろう。

繰り返すようだが、他人の噂話というのは、大変に面白いものであり、楽しいだけに、ついうっかりと口を滑らせることも多いのだ。普段は慎重にホンネを隠していても、こうした「ポロリ」が出てしまうのが（出させられてしまうのが）、他人の噂話の怖いところなのである。たとえば、誰かが、「受付の○○ちゃんって、販売の○△さんと付き合っているんだって」とあなたに語りかけてきたとしよう。

そのとき、「ええ？　販売の○△さんって、あの相撲取りみたいなデブだろ？　まったく美女と野獣だよなぁ」と答えたとすると、あなたがその人物に対して、あまり良い印象を抱いていないことが、すぐにばれてしまうではないか。

時折、〝社内スパイ〟のような人間が、わざとあなたに噂話を持ちかけ、あなたが会社に対してどれくらい忠誠心があるのか、あなたが誰を好きで、誰を嫌いかを聞き出そうと

することがある。

そういう**策略に引っ掛からないためにも、他人のゴシップからは、きっちり一線を画しておくことが自分の身を守ることにつながるのだ。**これが防災意識というものであろう。

ネガティブな噂ほど必ず広まる

私たちは、誰でもゴシップ話が好きである。イリノイ州ゲールスバークにあるノックス・カレッジの心理学者フランシス・マッカンドリュー博士は、140名の大学生に、12のゴシップ記事を読ませてみた。その内容は、同じキャンパスの学生が、莫大《ばくだい》な遺産を相続したというポジティブな話もあれば、映画俳優とデートしていたという噂や、学校のコンピュータを盗んだという話や、ギャンブルにはまっているといった中傷的なものも含まれていた。

マッカンドリュー博士は、次に、それらのゴシップ話を誰かに語りますか、と質問したところ、たいていの人は「話す」と答えたのである。**とりわけネガティブな噂話のほうを、たくさん話すだろう、と答えたのである。**「人の口に戸は立てられぬ」と言うが、私たちは、驚くほどおしゃべりなのだ。

「俺は他人の噂話なんかに加わらないぞ」と意識して努力しないと、私たちは、噂話をどんどんしてしまう。自分から相手に持ちかけてしまうこともあるだろう。そうやって、他人の悪口を言ってホンネを明かすことは、〝ガス抜き〟のような、ストレス発散効果をもたらすことがないわけではないが、やめておいたほうが無難であろう。

お酒が入ると、つい口が軽くなって、言わなくてもいいことまで口走ってしまうように、噂話をしていると、それが職場内であることも忘れて、「俺、この仕事、じつは大っきらいなんだよ」とか「うちの上司に管理能力なんて、これっぽっちもないよ」といったことを、ペラペラと語ってしまいがちだ。

困ったことに、あなたがしゃべっていたことは、そのうち社内に広まる。**噂話というのは、インフルエンザのようにすぐに広がる**ので、止められなくなってしまうのである。もちろん、悪く言われた当人の耳にも届く。すると当然ながら、その人との関係はギクシャクしたものになり、仕事がやりにくくなってしまうのだ。

ゴシップの現場からも必ず離れろ

あなたが自分からゴシップを広めるのは論外であるが、もし誰かがヒソヒソと会話していても、**それが他人のことを中傷するような噂話であれば、「さぁて、仕事に戻ろうかな」と言い残し、あなただけは、すぐにその場を離れたほうがいい。**あなたもその噂話に加わっていたという事実を残さないためである。

私も、人とお酒を飲んでいて、他人の悪口になりそうなときには、さっさと話題を転換するようにしている。「先生も、うちの社の○○さんみたいな人は、苦手でしょう？」と聞かれても、**「そんなことないですよ。ところで、今度の本の刊行予定日はいつでしたっけ？」**と話題を強引に変えてしまうのだ。それでもうまくいかないときには、さっさとお暇《いとま》することにしている。

もちろん、自分のホンネを絶対に、誰にも明かすな、と言っているのではない。よほど気心の知れた相手、心から信用できる相手なら問題ない。その人物が口の堅い人間なら、なおよい。

あるいは、会社の人間とは無関係の学生時代の友人とか、奥さんを相手に語るのならいい。それ以外では、職場では、仕事以外のことはあまりしゃべらないほうがいいであろう。

▼ホンネを聞かれても、とぼけておけ

秘するが花

こんな話がある。岡山の名君・池田光政《いけだみつまさ》は、ある日、家臣たちを前にして「予《よ》に何か欠点があれば、遠慮なく申し述べよ」と述べたそうである。それを聞いたある家臣が、「そこが嫌《いや》にて候」と答えた。そのように名君ぶるところが鼻につく、と進言《しんげん》したわけだ。この進言に対して、光政はとても感謝したという。

なるほど、とてもいい話である。

では、この逸話《いつわ》をあなたがマネしてもいいものだろうか。

たとえば、部長や所長などから、「俺に文句があるヤツは、いつでも言ってくれ」と言われたとしよう。そのとき、あなたが「そういうところがイヤなんですよ」と大胆《だいたん》にも答えてしまったとする。

すると、どんな結果になるか。とんでもない悲劇が待っているだろうことは想像に難《かた》くない。「いやいや、じつは、こういう逸話がありまして……」と説明しても、おそらく理

解してもらえない。なにせ、その部長は名君の池田光政でも何でもない、ただの人なのだから。普通の人は、自分にとって耳の痛いことなど、本当はこれっぽっちも聞きたくないのだ。

「俺の悪いところは、何でも言ってくれよ、改めるから」

「私に改善すべき点があれば、遠慮なくおっしゃってくださいね」

そんなふうに水を向けられたからといって、「それじゃ遠慮なく……」と乗っかってしまってはいけない。

言いたいことは山ほどあっても、「べつにないですよ」と空とぼけておくのがいい。正直者がバカを見るのは、世の習いである。

かつて私は、知り合いの女性に、「先生、正直に言ってくださいね、私、最近太ったと思いませんか？」と尋ねられたことがある。それに対して、私はうかつにも、「うん、そうだね。とくにほっぺのあたり」と言ってしまったのだ。冗談のつもりであったが、相手が目の色を変えて怒ったことは言うまでもない。

秘すれば花、というありがたい古人の教えを私たちも守ろう。うかつにホンネを出しても、いいことは絶対にない。とくに、悪いことを口にするときには細心の注意を払っても、払いすぎることはない。

女性は1日平均3・19回悪口を言う

オランダにあるエラスムス大学の社会科学者エリック・ラッシンは、女子大生についての調査結果から、**「女性は1日に平均3・19回の悪口を言う」**というデータを発表している。女性は、イヤな感情をすぐに吐き出そうとしてしまうらしい。

このデータを信じるなら、女性の読者は、なおさら注意が必要だといえよう。うっかり、ではすまないことがビジネス社会にはたくさんある。**身の程《ほど》をわきまえた発言をすることが、結局は、自分の身を守ることになることを認識しておきたい。**

女性に向かって、「俺の、どんなところがオジサンっぽい？」と聞くと、歯に衣《きぬ》を着せずに、さんざん言いたいことを言ってくる。やれお茶を啜《すす》るときの音がイヤだとか、マフラーに加齢臭がするので気持ち悪いとか。

私は、あまりそういうことを気にしない性質《たち》ではあるが、5分も10分も、辛辣《しんらつ》な指摘をされつづけると、さすがにこめかみが震えてくる。指摘してくれるのはありがたいが、ホンネはちっともありがたくない。

その点、男性は女性に比べるといくぶんかは慎《つつし》み深さが残っているようで、正直に意見を述べよ、と求めても、めったに口には出さない。

ともかく、言いたいことを何でも口にするのは、たとえ相手側から求められたとしても慎んでおいたほうがいい。**「沈黙は金」**とも言うではないか。

▼接待上手の極意は「聞く」こと

いっそ超一流の太鼓持ちを目指せ

親しい友達や合コンでお酒を飲むときと、ビジネスでお酒を飲むときとは、明らかに違う飲み方が要求される。

ビジネスでの酒席は、言うなれば「忍耐力養成の場」なのであって、基本的にそれほど楽しくないのが普通である。とくに、地位が低いとか、お得意様を接待するようなときには、なおさら楽しくないものである。退屈でつまらないのは誰でもそうなのであって、誰もが通らなければならない道なのである。

「仕事がらみでお酒なんか飲んでも、ちっとも面白くないな」

これがみなさんの率直な偽らざるホンネであろう。上司の前でペコペコしながら飲むのもイヤだろうし、取引先を前にしてビクビクしながらビールを飲んでも、おいしくもなんともない。

だが、それでも一緒にお酒を飲むことは、いまだに〝**仕事の一環**〟**であるのは事実**であるし、どんなに避けようとしても避けきれることではない。あなたにできることといえば、**腹をくくって覚悟することだけである。**

「嫌いなヤツとはお酒なんか飲まなくてもいいんだよ」と書いてあるビジネス本もあるが、そうできる人はめったにいないのではないかと思われる。

読者のみなさんは、そんなにすっぱりとホンネを出せる人間ではなく、誘われればしぶしぶながらも付き合わざるを得ない立場の人が圧倒的に多いと思われるので、「面倒な付き合いはしなくていい」という一言で片づけることもできないだろう。

どうせ酒席が避けきれないのであれば、超一流の太鼓持ちを目指そう。イヤイヤ付き合っているという顔をおくびにも出さず、むしろジョッキをあおって嬉々とした表情を見せるのだ。単なる太鼓持ちではなく、**一流の、誰にも負けない太鼓持ちを目指すのだ。**

たとえるなら、受験勉強である。受験勉強など、楽しくないに決まっているのだが、それでもどうせやるのなら超一流校を目指して努力したほうがいいのと似ている。仕事がらみで飲むのはつまらないのだとしても、どうせやるからには超一流の太鼓持ちになってやれ、という心意気で酒席に出向きたい。

酔っぱらいの話は、水戸黄門のように楽しむ

では、どうやれば太鼓持ちになれるかというと、**相手の話を何度も聞いてあげることで**ある。だいたい酔っぱらった人間というのは、同じ話を何度も繰り返す。同じ話を2回でも、3回でも、5回でも100回でも繰り返すのが、酔っぱらいの、酔っぱらいたるゆえんである。

だが、同じ話を、何度も、何度も、何度されても、それでも目を輝かせて、**「何度うかがっても、いい話ですよねぇ」**と感心してみせるのが一流の太鼓持ちなのだ。**ふむ、ふむ、と大げさにあいづちを打ちながら、耳を貸してあげることも忘れない。**

「話を聞いてもらえる」というのは、相手にとって何より嬉しいことなのだ。**酒席と接待のコツは、相手に耳を貸すことと見つけたり、である。**

イースタン・ケンタッキー大学のR・P・ラムゼイ博士は、私たちは、話を聞いてもらいたがっているという欲求があることを指摘し、実際、お客の話を聞くのがうまいセールスマンほど優秀であることを突き止めている。とにかく、大げさに話を聞いてあげていれ

ば、たいていの人は喜ぶのである。

時代劇というのは、水戸黄門を見てもわかるとおり、だいたいの筋《すじ》書きは決まっている。毎回、同じような物語が展開される。だが、それなりに面白い。

酔っぱらいを相手にするときも、同じ話が何度繰り返されようと、慣れてくれば、それなりに面白いと感じられるものである。最初から、同じ話は退屈だと決めつけてしまうのではなく、**毎回、相手の話と話の微妙な食い違いが楽しめるようになれば、あなたは最高の聞き上手になれるし、酒席の苦手意識も消え去る。**

▼お酌《しゃく》ひとつで、あなたの評価はこんなに変わる
お酌は相手の心を受け取るもの

私の個人的な印象によれば、本当にお酒が好きな人は手酌《てじゃく》を好むようである。自分のペースで飲みたいのであろう。飲み始めるときから、「僕は手酌が好きなので」と断わってくる人もいる。他人にお酌させないようにする気遣いなのかもしれない。

私も先日、一緒に飲んだ人にお酌しようとしたら、断わられてしまった。「先生に、お酌なんてさせられない」というのがその理由であるが、私はお酌がしたいのである。黙って盃《さかずき》を差し出してもらったほうが、私は嬉しく思ったであろう。考えすぎなのかもしれないが、「お前のお酌なんて、受けたくない」という拒絶を感じてしまうのである。

手酌で飲みたいのなら、わざわざ私と一緒にお酒を飲む必要はない。自分一人でこっそり晩酌していればいいのだ。たとえ手酌が好きなのだとしても、宴席をビジネスの一環として考えると、これではマズイ。

目の前の人間が、「さ、さ、どうぞおひとつ」とお酌したがっているのだから、自分の

ホンネを隠してでも、**「おっ、こりゃ、ありがたいですな！」**と黙って盃を差し出したほうがいい。**「○○さんのお酒は、とってもおいしい」**と世辞のひとつも言おう。

お酌というのは、飲み物を受け取るのではなくて、相手の心を受け取るものなのだ。絶対に拒否などしてはならないのだ。

コップにビールが半分くらい残っているとき、冷たいビールをそこに注がれると、古いビールと混ざってぬるくなってしまう。当然、味が落ちてしまう。しかし、だからなんだというのだ。これはビジネスなのだ。「おいしいビール試飲会」などではないのだ。相手がビール瓶を片手に、ニコニコと微笑《ほほえ》んでいたら、コップにまだビールが残っていようが、こちらもにこやかにコップを差し出してお酌されるからこそ、お互いの親密度が高まるのである。

相手がビール瓶を持っているのに、「あ、いいです。自分でやりますから」とやってしまうと、どんなに丁寧《ていねい》に拒否してみたところで、相手はしょんぼりしてしまう。あたかも母親に叱られた子ども状態になってしまう。相手をそんな悲惨な目にあわせて楽しむのでないかぎり、**お酌されたら受けるべき**、というのが私の持論である。

お酌もお歳暮も義理チョコと同じようなもの

「さしつ、さされつ」というのは、**お互いに贈り物を贈りあうことによって、心理的な距離を縮めようとする行為にほかならない。**機能的には、お中元やお歳暮と同じような効果を持つ。一見、無意味な贈答《ぞうとう》のように思えるかもしれないが、お互いに仲良くなれるという、きわめて大切な働きをしている。

文化人類学や社会学の教科書を読んでもらえばわかるが、いろいろな民族、さまざまな文化に無意味な贈答をやりとりするという風習が残っており、しかもそれが機能的にとても重視されている。

せっかくお歳暮をおくってくれたのに、「こんなものいりません」といって、送り主に返送したら、どうなるか。おそらく送り主はひどく気分を害するであろう。どんなに悪気がなくとも、やはり送り主は傷つくであろう。せっかく贈ってくれたのだから、ありがたく受け取るのが礼儀である。

バレンタインのチョコをくれるというのなら、それが義理チョコであろうが、喜んで受け取るのがマナーである。「僕は、こういうのは、いらないから」と断わったら、相手の面目丸潰《めんぼくまるつぶ》れである。

お酌も同じようなものなのだ。どんなにお酌されるのが好きではなくとも、お酌を断わるのはワガママにほかならず、いったん仕事がらみでお酒を飲むと決めたのなら、相手がお酌したがっていたら、それにしたがったほうが利口《りこう》である。

もちろん、言うまでもないことだが、相手がお酌をするのがあまり好きではないタイプなら、お酌を強要しなくともいい。そんなときには、手酌でゆっくり自分のペースで飲めばいいのだ。

第1章の

まとめ

◎堂々としていればウソはばれない

◎嫌いなことは3倍ホメる

◎茶坊主ゴコロを隠すには、食ってかかって負けを認める

◎一目置かれるには、「こだわり」をつくる

◎身を守るためにも、「噂話はしない」「近づかない」

◎仕事の酒席では、「耳を貸す」「断わらない」

第**2**章

仕事がやりやすくなる！ウソがばれない心理術

── できる人がこっそり使っている! 禁断のテクニック

▼ウソをつくときには、頭をかくな
頭をかきながら話せば、疑われる

第1章で、「たいがいのウソは見抜けない」と述べた。ウソがうまくつけるか否かは、仕事ができるか否かに直結する重要なスキルだ。というわけで、この章ではウソのつき方について考えてみたい。

人間として生きていれば、ウソのひとつやふたつは日常茶飯事。それは、誰でもそうなのである。きっと読者のみなさんも、そうであろう。恥ずかしいことではないから、正直に言ってほしい、「ええ、先生、私は狼少年なんですよ」と。大丈夫、私もそうなのだから。

「死ぬ気で頑張ります」と言いながら、実力の半分も出さなかったり、「早急に納品します」と言いながら、2、3日は放っておくくらいのことは、誰でもやっているのではないかと思われる。それ自体は、決して悪いことではない。

といっても、**どうせウソをつくのなら、うまくやりたい。正直者になれない以上、ウソ**

が必要悪である以上、うまくやれるようになっておくのがこの世を生き抜く知恵であろう。

では、どうすればうまいウソがつけるのか。

そのためのコツは、ウソをつくときには、意識して、**自分の頭に触《さわ》らないようにすること**だ。頭をかいたり、髪の毛をひっぱったりしていたら、あなたの発言がウソであることがわかってしまう。**ウソがばれたくないのなら、手が頭にいかないように、自分の手を握り締めて、動かさないようにするのだ。**

イギリスのポーツマス大学の心理学者ルーシー・アクハーストは、警察役と犯人役に参加者をわけて、警察の取り調べを実験的にやらせてみたことがある。

その結果、犯人役のハンド・ジェスチャーが増えると、警察役は、ウソを疑うことがわかった。「こいつ怪《あや》しいな」と思ったのである。また、犯人役が、手を自分の頭に持っていき、頭をかいたり、髪を整えたりしても、やはり疑いを深めることが判明した。どうも、そういうところで人間は判断するらしい。

もしあなたが心にやましいことがなくとも、頭をポリポリとかいていると、「お前さ、ウソついているんじゃないの？」と思われるので要注意だ。どんなに頭が痒《かゆ》くとも、発言するときには我慢したい。痛くもない腹《はら》を探られたくないのなら、そうするのがよいであろう。

私たちは、恥ずかしい気持ちからでも、頭をかくことがある。したがって、**恥ずかしい気持ちがばれたくないときにも、頭はかかないほうがいい。**恥ずかしいことがあると、私たちの手は、自然と頭に向かう。その手を意識して押しとどめるのだ。

商談中は、ニュースキャスターの手をマネろ

「お客さんから相談があるみたいで、電話で呼び出されたんです。ちょっと外に出てきますね」と上司にウソをつきながら、喫茶店でゆっくり休もうというときには、頭をかかないようにするだけで、ばれなくなるものである。

商談中にウソをつくときには、ニュースキャスターがやるように、片方の手の上に、もう片方の手を軽く乗せて押さえておくとよい。そうすれば、手が頭に伸びることもなくなる。ウソをつきたくなったら、あらかじめ自分の手を押さえてしまえば、頭をかくことが物理的に不可能になるので安心である。

▼ウソがばれない表情をつくる2つのポイント

視線をはずすな、笑いすぎるな

面接を受けるとき、誰でもちょっぴり背伸びをするものだ。自分のいいところを面接官にわかってもらうためには、多少の誇張は絶対に必要だからである。できそうもないことでも、「できます」と答えてしまうものだし、説明された職務内容に興味などなくとも、「面白そうですね、燃えてきます」と答えるくらいのウソは、愛嬌《あいきょう》というものである。「あなたはトイレの便器を素手《すで》で掃除できますか？」と聞かれれば、「はい、もちろん」と答えてしまうのは人情というものであろう。とりわけ面接であれば。

さて、自分の本意とは違う返答をするとき、気をつけたいのは、面接官から目を離さないことだ。面接官の目をじっと見つめつづけて答えなければならないのである。目を伏せたり、横を向いたりしてしまうと、「あれっ、この人は、ホンネでは違うことを思っているのかな？」という疑惑を抱かせてしまうからだ。

コネチカット大学のチャールズ・ボンド博士は、自分についてのウソを言わせるという実験をしたことがある。仕事での辛いこと、同僚について思っていることなどでウソを言わせたのだ。

その場面をビデオに撮影したものを、別の人に見せて、どれくらいウソがばれるのかを調べてみると、**発言をするとき、視線をはずすとウソを感じさせてしまうことが判明したのである。また、笑いすぎるのも、ウソを感じさせることがわかった。**

自分のことを誇張して見せたいのであれば、目の前の人物とはずっとアイコンタクトしつづけなければならない。大変かもしれないが、相手の目を見つめて、その視線を固定していれば、めったなことではウソはばれるものではない。

なお、ボンド博士の実験では、相手の目を見つづけてもウソが相手に見抜かれてしまう確率は、わずか27%と低いこともわかった。**アイコンタクトを忘れなければ、ウソをついてもけっこうばれない**ようなのだ。

「目は心の窓」というが、視線をはずすことは、心の窓を閉ざしたというサインを相手に伝えてしまうのであり、ウソを見抜かれやすくしてしまう。だから、相手とのアイコンタクトは絶対に避けてはならないのである。

面接の本を読むと、「面接官と目を合わせるのは失礼ですから、相手の胸元あたりに視線を置き、目を直視しないほうがいいでしょう」などと、いいかげんなことが書いてある。まったくのデタラメである。そんな主張に科学的な根拠はまったくない。**伏し目がちに受け答えしていたら、どんな発言をしても、相手に信用してもらうことはできない。**

相手の目を見つめ、てきぱきと受け答えをするから、あなたは面接担当者に信用されるのである。

「どうせ多少の誇張はしているんだろうな」ということは、面接官も知ってはいるのだが、きちんと自分の目を見つめて発言してくれる応募者に好意を抱くのである。

▼目を「下」にそらすと、信頼度は半分に落ちる

言い訳は、内容ではなく伝え方が重要

「お前さ、2時くらいに携帯つながらなかったけど、何してたの？」

上司からそんな質問を受けたが、あなたは、その時間、仕事をサボって、足裏マッサージに行っていたのだ、としよう。あるいは、昼間からビールを飲んで酔っぱらってしまっていたのだ、としよう。とにかく勤務時間中にサボっていて、それをいきなり質問されたとする。

もしあなたが大胆な性格なのであれば、正直に答えてもよいであろう。「マッサージに行っておりました。勤務時間中であることはわかっていたのですが、疲労がピークだったんです。今月は、給料から1時間サボったぶんを、経理のほうに少しお戻ししておきます」などと。

けれども、普通はそんなに大胆になれないであろうから、適当な言い訳をしながら、その場を切り抜けていく必要がある。

普通、心にやましいところがあると、しどろもどろの返答しかできないものであるが、そのときに大切なのは、**正当性のある言い訳をこしらえることではない**、ということは知っておいたほうがいい。**もっと大切なのは、相手の視線をはずさないこと**なのだ。

ウソっぽい言い訳でも、その内容はどうでもいいのだ。「突然、倒れたおばあちゃんを病院に連れて行った」というような言い訳でも、かまわないわけである。

本当にそんな場面に出くわす確率はめったにないだろうが、言い訳の内容は、極論すれば、何でもいいのである。それこそ、「ＵＦＯに連れ去られそうになって、携帯に出られなかった」でもいいのである。

何らかの発言をするとき、大切なのは、その**中身ではなく、伝え方**である。相手の目を見つめて、視線をそらさなければよい、という話はすでにしたが、さらにここにひとつ付け加えると、**もしはずすのであれば、「下」にそらすのは絶対にやめよう**、ということだ。

目をそらすなら「横」か「上」

カナダのトロント大学の心理学者ゴードン・ヘムスレイは、盗みを働いてアリバイ証言している人のビデオを作成して、それを大勢の人に見せてみたのだが、目を下にそらすと、信頼性の評価において、目をそらさない人に比べて約2分の1しか信用されないことがわかった。**目を下にそらすだけで、半分しか信じてもらえなくなってしまうのだ。**

視線はなるべくそらさないほうがいいのだが、そうはいっても、じっと見つめたままでは、相手も圧迫されているような感じがする。そのため適当なタイミングで視線をはずしてあげることが求められるのであるが、その際にも、なるべく**「下」ではなく、「横」か「上のほう」がいい。**

政治家の答弁を聞いていると、なんとなく腹黒さというか、偽善というか、隠し事をしているイメージを抱いてしまうものだが、その理由ははっきりしている。

彼らは、みな原稿を読むために「下」を向いてしまっているからだ。視線を「下」に向けて話をしているために、私たちは、よくないイメージを抱くのである。政治家のみなさんには、自分で墓穴を掘っていることに、早く気がついてほしい。

▼答えにくいことほど、「間」をつくるな

さっさと返答すればウソもばれない

先ほど、答えるときには、その内容はあまり関係がないというお話をした。これはホンネを隠すうえで非常に参考になるポイントなので、もう少しだけ論を進めてみる。

「ねぇ、もう少し安くなんない？　石油の値上がりで原価が上がってるのはわかるけどさ」

「……できないんですよ」

この場合の、**「…」という休止部分が長ければ長いほど、相手はあなたの返答に疑惑を覚えてしまう。**つまり、「もっと押せば、安くなるかもな」と思わせてしまうのだ。たとえ相手の質問を真剣に考え、真摯《しんし》に答えようとしているのだとしても、あまりよくない結果をもたらしてしまう。

「ねぇ、もう少し安くしてくれないかな？　単価あたり5円でも10円でもいいんだ」

「できないんですよ、○○さん。うちはいつもギリギリでお取引させてもらってますか

ら」

このように**さっさと返答すれば、相手も「そう」と流してオシマイだ。**そんなに悲惨な結果にはならない。

コーネル大学のロバート・クラウト博士によると、**答えるまでに時間がかかるほど、その発言がウソであることがばれてしまう**そうなのだ。

したがって、無意味な「間」が生まれないように、さっさと返答することは、みなさん自身のためにも必要だといえる。

まず返答。理由はその後でいい

私は、返答がやたら早い。あまりよく考えずに受け答えしてしまうタイプだからである。しかし、それでいいのである。理由やら説明やらをウダウダと考えていると、それだけ返事が遅れる。そして返事が遅れることは、決してよい結果を生み出さない。

「先生、1時間だけでもいいんですけどね、なんとか取材を…」

「ムリです」

これが、普段の私の電話での会話である。私などは、相手に最後まで発言させないうちに答えてしまう。**まず返答し、それからゆっくりと理由をこしらえていく。**それでもけっこうなんとかなってしまう。人徳のたまものであろうか。

クラウト博士によると、**まばたきの回数が増えたり、身づくろいが増えたり、言い間違いが増えたりするのも、「ウソ臭さ」を感じさせる原因となる**そうなので、そういう点にも注意を払えるようになれれば完璧だ。

とはいえ、初心者には、**「さっさと返答する」**ということを覚えておいてもらうだけでも、ずいぶん仕事がやりやすくなるはずだ。

ナポレオンは、「遅疑」を、軍人の資質としては最悪のものとみなしたが、ビジネスマンにとっても、そうなのである。**ゆっくり、のんびり、ゆるゆると考えたり、発言しようとするのは、悪い結果しかもたらさない。**

残業を頼まれたとき、あれこれと言い訳をしながら断わろうとすると、相手も気分が悪くなる。それならいっそのこと、引き受けるにしても、断わるにしても、さっさと答えたほうがいいのだ。

▼ウソをつくときは、ディテール（細部）にこだわれ

細部が詳しいほど本当っぽい

ウソをでっちあげるときには、なるべく具体的に、詳細に語るのがコツである。要するにディテールにこだわるのだ。

よい小説を読んでいると、まるでその場面に自分がいあわせているような錯覚《さっかく》に陥《おちい》ることがある。あたかも主人公と同じく、頬《ほお》に風を感じたり、やわらかな日差しを浴《あ》びているような気分になれるのだ。逆に、悪い小説を読むと、場面がうまくイメージできないものである。

言うまでもなく、小説はインチキから成り立っているのだが、それでもディテールの描写が詳細であるほど、私たちはその物語の中にすんなり入っていけるのである。

ウソをつくのがうまい人の会話を聞いていると、まるで自分自身がその人の話す場面に出くわしたような気分にさせられてしまう。彼らは、よい小説家と同じように、細部にこだわって会話をするので、私たちもそのウソを信じやすいのだ。

私もウソをつくときには、細部にこだわる。「ある美人がいてね……」ではなく、「僕より3歳若くて、鼻筋が通っていて、笑うと吸い込まれそうになる美人がいてね」と語るわけである。すると、実際には、そんな美人などこの世に存在しなくとも、存在しているかのように偽装することができるのだ。

こんな実験がある。5名の男性が就職面接を受けているビデオを作り、それぞれの男性がついているウソを見抜かせるという実験だ。

コーネル大学で行なわれたこの実験によると、**細部が詳しいウソほど、本当っぽく聞こえることが判明した。**「もっともらしい」と思われるようなのだ。

「僕はパソコンができます」より、「僕はビジュアル・ベーシックでプログラムを作るのが好きなんです。データ解析用のプログラムも作ったことがあるんですよ」のほうが、コンピュータに強そうなイメージが振りまける。

ウソをつく訓練をしよう

もちろん、よほど会話力がないと、いきなりディテールにこだわって会話をすることはできない。

そのためにも、普段からウソをつく訓練をしておこう。普段から小説を書く練習をしていないと、よい物語を組み立てられないのと一緒である。やはり普段の練習がモノをいうのがこの世界だ。

ウソをつくときには、リハーサルも重要である。頭の中で、つくったウソを何度も考え直してみるのだ。そうすると内容が一貫してきて、細部も明確になり、本当っぽく聞こえるウソが組み立てられるであろう。

私は、仕事ができる人間ではないが、「できそうな人間」に見せかけるのは得意である。なぜなら、普段からいろいろなウソを頭の中でこねくりまわして空想して遊ぶのが好きなため、一流の仕事人しかわからないようなディテールにこだわった会話ができるからなのだ。また、私はヤクザものの映画が好きなため、「喧嘩《けんか》に強い男」を演じることもできる。やはり細部にこだわって会話をすることができるためだ。

会話で、人を煙に巻きたいのなら、ディテールにこだわって会話をするクセをつけておこう。 いざというとき役に立つのは、やっぱり普段の鍛練《たんれん》なのだから。

▼語る内容を信じているか？

詐欺師は自分を信じ込むところからスタートする

先日、電気店にデジカメを買いに出かけた。今まで使っていたものを、うっかり落として故障させてしまったので、買い換える必要があったのである。

しかし、結局は、買わなかった。なぜかというと、電気店の店員の話し方が胡散臭《うさんくさ》かったのである。私は、仕事上でデジカメを必要としていたのだが、一気に冷めてしまい、「また今度ね」と言って帰ってきてしまったのだ。

商品説明を聞いていて、ほしくなる店員とそうでない店員の差について、今回は考えてみよう。

店員さんは、「この機種は、おススメですよ」と言っても、そんなことをこれっぽっちも思っていないとき、その物言いは、どうしてもウソっぽくなる。本人が信じていないのだから、当然である。心がこもっていないのだ。発言に自信がなく、軽すぎるのだ。

よい店員は、まず何よりも商品を愛していることが絶対に必要である。本人が好きであれば、「この商品はいい」と力強く保証してくれる。その言葉には、真実性があふれている。

ダメな店員は、そんなに商品を愛していない人である。「仕事で仕方なく、その商品を勧めているんだよ」という雰囲気というか、姿勢が、濃厚に出ている。だから、そんな人に説明されていると、ほしくも何ともなくなってしまうのである。

自分が信じるということは、とても大切なことである。自分が信じていれば、堂々と語ることができるからだ。

昔のお医者さんは、現代の知識からすれば、間違った治療法をたくさんやっていた。血を抜いてみたり、わざと下痢を起こさせてみたり、と。

しかし、それでもけっこう多くの患者が救われてしまったのは、医者が本気で、「こうすると治る」と確信していたからであって、暗示の効果によって患者が治療されたからなのだ（これをプラシーボ効果という）。

ロチェスター大学の心理学者M・ズッカーマンは、**本人が自信を持って、強く主張すれば、それを聞いた人は正直に物事を語っていると評価してくれる**ことを発見した。まず自分がそれを信じ込んでいれば、堂々と主張できるのだ。

超能力を心から信じている人は、「超能力は存在します」ということをうまく主張することができるだろう。本人が信じているのだから、当たり前だ。「この商品はいいものだ」と信じている電気店の店員が、その商品を熱く説明できるのは、そういうことなのである。

「この経営理論は正しい」とか、「自分の方針は間違っていない」ということを他人に語って聞かせる必要があるときには、**まず自分自身がそれを信じ込むことが大切である。**微《み》塵《じん》も疑ってはいけない。**疑いの心があると、どうしても発言がうわついて、フワフワしてしまう**からだ。

詐欺師は、自分の話している内容を、本当のことだと信じ込むところからスタートする。そうしないと、カモに自分のウソが見抜かれてしまうからである。どんなに荒唐《こうとう》無稽《むけい》な話であれ、まず自分自身がそれを信じ込もう。そうすれば、あなたは堂々としたふるまいで、それを主張することができよう。

▼疑われたら「得るものが何もない」と伝えよ

例を出して、笑い飛ばせ

ウソをつくときには、**「ウソなんかついても、僕は何も得るものがない」ことをアピールするのもよい。**そうすれば疑われずにすむからである。このように主張するのが、ネバダ大学のマレー・ミラー博士である。

ミラー博士によると、ウソをつく人は、ウソをつく必要があるからウソをつくのであって、そんなことをする必要がないことを相手に示すことができれば、相手に疑われずにすむそうなのだ。

「僕が社内の女性にセクハラだって？　そんなことしてクビになったら割に合わないよ。この不況で、職も見つけにくいご時世で、わざわざそんなにリスクの高いことはしないよ。セクハラするなら、普通に風俗に行くよ」

もしセクハラを疑われたとしても、こんなふうに答えれば、相手も納得してくれるにちがいない。会社の備品を盗んだという嫌疑をかけられたときにも、**「ボールペン一本でも、**

窃盗や横領で告訴されるんですよ。そんなもので逮捕されるなら、もっと高いものを盗ませてもらいますよ」と笑って答えれば、うまくごまかせる。だからといって、セクハラしても大丈夫とか、窃盗をしても大丈夫、と言っているのではないが。

このテクニックは、いろいろな場所で応用が利く、とても便利な方法である。

「私が、価格を吹っかけているですって？　まさか！　そんなことで、○○さんに嫌われたら、そっちのほうがコストが高いですよ」

「私が、残業から逃げているですって？　そんなことで評価を落とすほど、バカじゃないつもりですよ」

「私が、部下をいじめているですって？　そんなことで会社を辞《や》められたら、上司としての管理能力が問われちゃうじゃないですか」

そんなことをしても、「こちらに何のメリットもない」ことをアピールすると、あなたがウソをついていることが相手にもばれずにすむ。ホンネもうまく隠すことができる。わざわざリスクやコストを払ってまで、そんなことをするのはバカらしいということで**笑い**

飛ばしてしまう作戦である。

笑い飛ばせるということは、それだけ心理的な余裕があるということであり、そういう余裕があるということは、あなたがウソをついていないことの証拠になる。

だから、相手もあなたの言うことを信じ、「僕のほうが考えすぎていたのかな?」と思ってくれるのだ。

言い訳にも使えるテクニック

私も仕事の手を抜いたときに、たまにこのテクニックのお世話になっている。編集者に手を抜いた原稿の文句を言われたときなどは、「わざわざ売れない本を作ろうなんて、そんな作家がいると思いますか?　僕は本気で執筆してますよ」という感じで笑い飛ばしてしまう。この方法は、かなりの高確率でうまくいく。

ウソをつくことにはリスクが伴うものであるが、そんな**リスクを冒すほど、自分には勇気がないと主張するのもいい**だろう。**「僕みたいな臆病者には、そんなことはできない」**と告げるのだ。そういって相手を安心させれば、あなたのホンネは読まれないはずである。

▼ウソをつくなら計画的に精緻《せいち》な筋書《すじ》きを用意せよ

私が本を書くときは、あまりきちんと構成を決めたりはしない。なんとなく書きはじめてしまう。そのためにひどく苦労している。

さて、他人にウソをつくときには、私のような態度は感心しない。筋《すじ》書きやプロットを深く考えずにしゃべり出してしまうと、話の筋が通らなくなったり、矛盾《むじゅん》だらけになってしまって、どうにもならなくなるからだ。やはりあらかじめの筋書きは頭の中に叩《たた》き込んでおくことをおススメする。

たとえば、恋人と旅行に行きたいので有給休暇をとりたいとしよう。有給は自分の好きなときに利用してかまわないはずだから、本来なら、そのまま理由を告げてもよさそうな気がする。

しかし、それを許さないのが日本の会社。とんでもなく忙しい時期だというのに、「恋人と旅行に行きたい」などと上司に言おうものなら、「いいぞ、そして、旅行に行ったまま、会社を去ってくれ！」と怒鳴《どな》られかねない。これでは本当の理由など、話せるわけがない。

有給をとるためには、やはりそれなりの理由というか、ウソが必要である。そして**ウソがばれないようにするには、計画的にウソの筋書きを組み立てておかなければならない。**堤防《ていぼう》はアリの一穴から崩壊するというが、自分のウソ話にも、穴がないようにきちんと準備するのだ。

ミドル・テネシー大学のグレン・リトルページ博士は、大学生に頼んで、先週見た夢や出来事、好きなテレビ番組、休日の過ごし方などについて、ビデオに向かってしゃべってもらった。そのとき、半分の話では、ウソをつくようにと求めておいたのだが、**あらかじめウソを考えさせる条件（計画的条件）のほうが、その場で即興的にウソをつかせる条件（即興条件）に比べて、ウソがばれない**ことを突き止めた。

リトルページ博士によると、即興的にウソをつくのは、大変に難しいことだそうである。よほど頭の回転が速い人なら、うまく筋書きを組み立てられるのであろうが、普通の人には、そんな芸当はできそうもない。だから、あらかじめ筋書きを頭の中に叩き込んでおき、何を質問されても大丈夫なようにしておかなければならないのだ。

「まぁ、適当につじつまをあわせれば、どうにかなるだろ」

どうにかならないのである。

「その場で思いついたことを口にしていれば、なんとかなるだろ」

なんとかならないのである。

試験の準備をしておかないと、試験がうまくいかないのと同じく、人間関係においてウソをつくときには、あらかじめどれだけの準備をしたのか、ということがきわめて重大な意味を持ってくるのだ。準備をイヤがらず、できるだけ精緻に物語と筋書きを組み立てておきたい。

有給をとろうとするたび、毎回、家族の誰かに死んでもらってもいいのだが、それでは理由としてあらっぽい。かといって、毎回風邪をひいたことにするのも、健康管理能力がない人間だと思われかねない。やはりきちんとした理由（というかウソ）をデッチあげておくのがよいだろう。

▼ウソの説明は、はっきり、ゆっくり

ウソをつくとき、なぜか早口になる

私たちが、**ウソの理由を話すときには、なぜか早口になるので注意したい。**頭の中に詰め込んだ理由やら説明を、一気に放出するような感じになってしまうのだ。ちょうど一夜漬けで勉強した内容を、試験がはじまると同時に、忘れないうちに書いてしまおうとするのと同じくらいあわててしまうのである。たとえば次のように。

「課長有給をとらせてくださいじつは来週の水曜に家族の法事がありましてそれに出席しなければならないため前日には実家に戻っていなければなりませんから3日間有給をとらせていただきたいと思いまして会社も忙しい時期でまことに恐縮至極なのでございますがなにぶん法事ですのでぜひお許しをたまわりたく……」

息継《つ》ぎもせずに、こんな感じで有給をとりたい旨を伝えたら、どうなるだろう。

どんなに愚鈍な上司でも、「お前、本当の理由は違うんだろ？」と聞いてしまうのではないか。**どんなに筋書きが立派でも、早口すぎると怪《あや》しまれてしまうのだ。**

ニューヨーク州立大学でコミュニケーション学を教えるトーマス・フィーレイ博士によると、ウソをつく人は、声が上ずって早口になりやすく、休止をとらなくなるのだそうである。バタバタしてしまうのだ。

もうひとつ別のデータもご紹介しておこう。英国ポーツマス大学のアルダート・ヴリジ博士が、ウソと真実を話すときのスピードを比較したところ、1分間あたりの語数（英語）は、真実のときが130・23語、ウソのときが142・11語になることがわかったという。

ウソをつくときには、話すスピードが自然とアップしてしまうようだ。

ウソをつくときには、相手をゆっくり料理してやろうというくらい、どっしりと構えていたほうがいい。相手からの質問や意見を待って、それに応じるような形で、自然に会話を進めていくのである。「聞かれたから、答える」という形式で進めていくのが一番よいのだ。

聞かれないことには、答えるな

聞かれてもいないことを自分から話そうとすると、それがまた相手からの疑惑を誘ってしまう。**聞かれないことには、答えなくていい。**質問されるまでは、黙っていたほうがいいこともあるのだ。もちろん、筋書きはあらかじめ決めておかなければならないが、**聞かれるまで自分からは話さないという慎重さを見せよう。**


「課長、来週の水曜から有給をとらせてもらえませんか?」

「そりゃ、かまわんが。どうした?」

「じつは、祖父の三十三回忌なんです。すっかり忘れていてご連絡が遅れたんですが」

「それじゃ仕方ないな。で、どれくらい実家に戻るんだ?」

「三日間です。忙しい時期にすみません」

「わかった」

これが自然な会話であろう。休止がまったくなく、息継ぎもしないで理由を述べるのに比べれば、ずいぶん印象が違うことに気づかれるのではないだろうか。**ゆっくり、噛《か》んで含めるように受け答えしていくのがポイントである。**

もし、想定外の質問をされれば、多少は動揺するかもしれない。が、そんなときにもあわてる必要はなく、ゆっくりと受け答えしていればウソはばれないものである。

▼雄弁になりすぎるな

気が動転したときは口を閉ざせ

思ってもいないことを口にするときには、「雄弁になりすぎない」こともポイントのひとつとして挙げてよい。ぐうの音《ね》が出ないほど、相手を追い詰めることが目的ではなく、ただホンネを見せないことだけが目的なのだから、あまり気取った言い回しは必要ないのだ。凝《こ》った言い回しをすると、「あれ、本当はそんなこと思っていないのかな?」という嫌疑を持たれてしまう。

「内藤先生って、うちの編集部の○○さんみたいな女の子が、好きでしょ?」

親しい編集者に、そんなことを言われ、ホンネを見透《す》かされるのはとても恥ずかしい。実際に、当たっているのだから、なおさら恥ずかしい。「ええ、そうなんです、大好きなんですよ」とホンネを暴露したほうがスマートだったのであろうが、いきなりホンネを見透かされてあわてた私は、雄弁に否定してしまったことがある。「男性が女性に惹《ひ》かれるのは、いわば精神の結晶作用によるものでして、決して私個人に特有に見られる出来事ではありませんし……」といった具合だ。

もちろん、そんな試みが成功するはずもなく、その後しばらくは、その編集者にからかわれつづけた。今も、時々、私をからかう。

雄弁に何かを語ろうとすると、どうしてもその発言が上滑《すべ》りしてしまう。恰好《かっこう》をつけようとしたり、気取ったり、凝った表現を使おうとすると、それだけ怪しまれるので、読者のみなさんには注意してもらいたい。

イタリアにある、カトリカ大学の心理学者Ｌ・アノーリ博士が、法学部の男子大学生に写真を見せ、その写真で写っていることに対して、ウソをつかせてみたことがある。たとえば、写真にはジャケットを着ている男性が写っているのに、彼はＴシャツを着ているといったウソを言わせてみたのだ。

そうして、人間がウソをつくときの特徴を分析してみると、雄弁になりすぎることや、よどみなく話しすぎることなどが判明した。

どうも人間は、困ったことがあると、雄弁さのなかに逃げ込もうとしてしまう傾向があるらしい。抽象論で相手を煙に巻いてやれ、という意識が働くのかもしれないが、残念なことに、そういう試みは相手に筒抜けであり、かえってばれやすくなってしまうのである。知らぬは本人ばかりなり、という笑えない状況になるのだ。

気が動転したときには、しばらく口を開くのを控《ひか》えたほうがよさそうである。何か言おうとすると、雄弁になりすぎてしまう。あらかじめウソをこしらえておき、リハーサルしておけば自然に返答できるのかもしれないが、もしそうでないのなら、黙っていたほうがいいかもしれない。今度からは、私はそうするつもりである。

▼自信がないときほど、胸を張って背筋を伸ばせ

背筋を伸ばせば強く見える

私たちは、自信がないときには、みな一様に、背中を丸める。どうやらこれは、自然な生理反応であるらしい。犬同士がケンカをしたとき、負けたほうの犬が、背中を丸め、尻尾を巻いて逃げ出すのに似ている。

たとえば、「２週間以内にできるのか？　できないのか？　どっちなんだ？」と元請《う》け業者に詰め寄られたとき、自信がない人は、背中を丸めながら、「たぶん……、できると思います」などと返事をする。

しかし、相手には、背中を丸めていることが見えるから、その返事に信用がおけない。そこで、「本当にできるんだろうな？　確約できるんだな？　それじゃ、お前の名前を入れて、できる、という文書を書け！」と念を押すことになる。

ところが、もともと自信がない人は、相手に追いつめられると、すぐに「いや……、それは、ちょっと……」と逃げ腰になってしまう。これでは相手の思うつぼである。「ほら、

やっぱり、できねえんじゃねえか、適当なことを言うな」と怒鳴られるハメになるのだ。

自信がないときには、相手に軽く見られないためにも、胸を張って、背筋を伸ばすのだ。たとえば、「2週間以内にできるのか？」と聞かれたとき、**「できます！」と、胸をぐいっと突き出すようにして答えれば、相手もあなたの発言を信用し、さらに念を押してきたり、確約を求めたりはしないものである。**

仮に相手が、「本当だろうな？」と言ってきたら、さらに胸を突き出すようにして、「僕が保証するだけでは、不服ですか？」と静かに、だが気迫を前面に出して詰め寄ればいい。あなたの勢いに飲まれた相手は、「いや、口頭で十分」と手のひらをかえしたように、穏《おだ》やかな対応をしてくれるだろう。

自信がないときには、さも自信があるようなハッタリをかまさなければならない。そのための具体的な作戦が、**「胸を張って、背筋を伸ばすこと」**なのだ。

タフト大学のＪ・モンテパーレ博士によると、背が高い人は、それだけで「強そう」と評価されるというのだが、背が低い人でも大丈夫である。**背筋を伸ばせば、誰でも背が高く見える**からだ。テーブルに座ってやりとりをするときには、背筋を伸ばし、相手よりも座高を高くするほど、話しあいは自分のペースでいけるだろう。

背中を丸めて、コソコソしていると、何をしゃべっても相手に疑われるのでソンをする。たとえ自信など微塵もなくとも、あるように見せかけたほうが、利益は大きいことを理解しておいてもらいたい。

「背筋を丸めるのは、負け犬が尻尾を垂《た》れるのといっしょ」

そんな格言はどこにもなく、私の創作したオリジナルであるが、けっこう当たっているのではないだろうか。精神的にも、身体的にも、自信たっぷりに見せたいのなら、背筋はたえず伸びていなければならないのだ。

▼神経質そうな行動をとるな

ボールペンをもてあそぶと、信頼されない

スウェーデン南西部にあるイェーテボリ大学の心理学者P・A・グランハグ博士は、プロの俳優に頼んで、公園でおきた強盗殺人事件の目撃証言者を演じてもらったことがある。24人の俳優のうち、12人がウソをついていて、12人が本当のことを話すのであるが、そのウソを大学生が見破れるかどうかを調べてみたのである。

その結果、俳優が、**神経質そうな行動をとると、大学生たちは、「ウソをついているんじゃないか?」と疑うことが判明した。**メガネのレンズをせわしなく拭《ふ》いたり、洋服のソデをいじったりしていると、たとえ本当のことを話していても疑われたのである。

このデータを参考にすると、読者のみなさんが神経質そうなふるまいをすると、その発言も相手に信用してもらえないだろう、と予想できる。神経質そうなふるまいとは、具体的には、次のような行動だ。

○ボールペンをもてあそぶ
○資料の紙の端を、指先でいじる
○何度もスマホを確認する
○歯をぎりぎり鳴らす
○ボールペンのキャップを閉めたり、開けたりする
○髪の毛を触ったり、ネクタイを何度も締めなおす

本当のことを言うときには、これらのふるまいは厳禁。ウソなどついていないのに、ウソを疑われては、まったくのソンである。

「期日までには、支払いをすませてくれますよね？」と言われて、「ええ、もちろん」と答えながら、ボールペンをカチカチと鳴らしていると、「ひょっとして、支払いが遅れるのかな？　会社の懐《ふところ》具合が厳しいのかな？」と相手に思われても仕方がないのだ。

先日、私がお会いした男性は、たえず指先が震えていて、コーヒーを持つときにも、受け皿とぶつかって、カチャカチャと不快な音を出していた。何か隠していることがあるのだろうかと疑ったのだが、ただ単に、私に会って緊張していただけであった。もし彼が、

神経質そうなふるまいをしていなければ、私も疑わなかったであろう。

相手に疑われないことは、信頼感を醸成するうえで、とても大切である。

疑惑の心と、信頼感は相反するものであり、少しでも相手に対して疑いの目を抱くと、私たちは、その人のことを信用しなくなるのである。

「私の言うことを信じてください」と言いながら、神経質そうなふるまいをしているセールスマンがいるとして、私たちが、その人のことを信じられるわけがないのだ。たとえ緊張からだとしても、なるべく神経質に見える行動は慎《つつし》んだほうがいいだろう。

どんな行動が神経質そうに見えるのかについては、自分ではなかなか気づきにくい。したがって、それを改めるためには、自分の言動を客観的に見つめる訓練をするか、あるいは先輩や上司に注意してもらわないとムリであろう。

▼「さあ、わかりません」は使い方しだい

ホンネを読ませない最強の方法

誰にもホンネを読ませたくないのなら、あらゆる発言を拒否するのが、最強の方法である。「僕は、絶対にホンネを読まれたくないんです」というのなら、この方法を使うのが一番であろう。

とにかく何を聞かれても、**「さあ、わかりませんな」**とか**「さあ、考えたこともありませんな」**と答えていれば、どんな相手もあなたのホンネを読むことはできないだろう。

日本人が、他の国から、不気味な国民だと思われている背景には、日本人が国際会議などであまり発言しないことが原因になっている。議長役に発言を促《うなが》されても、「さあ」とか「よくわかりません」と答えるのだから、ホンネを読まれることはなくとも、不気味な存在に思われるのも仕方がない。

とぼけすぎると自信のない人に見られる

返答を留保するというか、とぼける方法は、最強ではあるのだが、**あまりに多用すると、相手に不気味さを感じさせ、近寄りがたい存在になってしまうので注意が必要である。**

しかもまた、**とぼけすぎていると、相手の目には、あなたが自信がなさそうにも見えてしまう危険がある。**

カナダのブリティッシュ・コロンビア大学のJ・キャンベル博士によると、自信がない人にいろいろな質問をすると、「わからない」とか「ふつう」を選ぶ反応が多く見られるそうである。**はっきり答えない人は、現実にも自信がないのである。**

自信家に見せたいなら、何を聞かれても、とりあえずは何か答えらしいものを言っておこう。自信がある人は、きちんと自分の考えを述べるものだからだ。

敏感な話題には、「さあ、わかりませんな」が無難

もちろん、言いにくいことについては、「さあ、わかりません」でとぼけておくのが一番である。

話題のなかには、知らない人と語るには、敏感すぎるテーマがけっこうある。支持政党の話、宗教の話、結婚観、恋愛観などが、それだ。

そういうテーマには、個人の感情というか、意見が色濃く反映するものだから、そういうものに関しては、**「さあ、わかりませんな」と答えておいたほうが無難だ。**

たとえば、「あなたは、会社での体罰についてどう思いますか？」という敏感なテーマについて質問されたとしよう。

あなたは、仮に「ぶん殴《なぐ》ってでも言うことをきかせるのは、上司として当たり前」という意見の持ち主だとしても、それをそのまま表現すると、とんでもなく危険な人物だと思われてしまう。

かといって、「体罰は、どんな理由があってもよくない」と答えても、それはそれで軟

弱な男だと思われてしまうかもしれない。
こんな状況こそ、とぼける技術を使ってほしい。

第2章の

まとめ

◎ウソや言い訳は内容より伝え方が重要だ。「頭をかかない」「視線を下にはずさない」「雄弁にならない」

◎答えにくいことには、とにかく即答

◎ディテールにこだわればウソはばれない

◎ウソをでっち上げるには、まず自分が信じ込む

◎ウソが疑われそうなら、「得しない」例を挙げて笑いとばせ

◎胸を張れば自信たっぷりに見られる

◎神経質そうなしぐさをするな！ ウソっぽく見られてしまう

第3章

弱い自分を見抜かれないための超心理テクニック

―― 自分の価値を上げるための絶対ルール

▼臆病者《おくびょうもの》と思われたくないなら、景気のいいことだけを口にせよ
「責任をとらされるかも」の心配は無用

会社として、チームとして、新規事業などのプロジェクトを開始しようとしているとか、従来のやり方を改革しようというときには、「大胆すぎませんかね?」とか「やらないほうがマシなんじゃないかな……」という、全員に冷や水をぶちまけるような発言はしないほうがいい。

社内の空気を読みながら、みんながある方向に向かって進もうとしているとき、ブレーキをかけるような役目をしてはいけない。むしろ、自分が全員を引っ張っていくぜ、という役割をとったほうがいい。これは、どの業種、どの職業でも言えることである。

いいかげんなことを言って責任をとらされてはかなわない、という気持ちはわかる。

しかし、**だからこそ果敢《かかん》に挑戦すれば、「責任感がある」とか「頼りがいがある」と評価されるのである。**責任をとって辞《や》めてもいいんだ、と腹《はら》を据《す》えれば、怖いものなど何もない。命まではとられないのだから、気楽なものである。

臆病者はリクスを高く見積もりすぎる

恐怖を感じやすい臆病者は、リスクを高く見積もりすぎる傾向がある。一言でいえば、悲観的なのだ。しかし、「できない」とか「やれない」ということを口にしていると、あなたは単なる腰抜け、単なる臆病者と陰口をたたかれてしまう。

カーネギー・メロン大学のジェニファー・ラーナー博士は、97名の大学生に、アメリカでの一年間の交通事故死亡者の数や、ガンで亡くなる人の数などを推測させてみたことがある。すると、臆病者ほど、実際の統計よりもかなり多めの数を推測することがわかった。アメリカの交通事故死亡者はだいたい年間5万人なのだが、彼らは、それを8万人とか10万人などと見積もる傾向があったのだ。

臆病者は、子犬を見ても、ライオンくらいに見えてしまう。だから、いつでもビクビクしているのだが、人にそれを悟《さと》られたくないのなら、**悲観的で、おびえたことを口に出さないようにするのが一番の予防法。**周囲の人たちから、臆病者と罵《ののし》られるくらいなら、大きなこと、景気のいいことだけを口にし、お調子者だと思われていたほうが、はるかにマシである。

優秀な医者が患者に、手術の決断を求めるときには、「失敗の可能性が10%ありますよ」などと悲観的なことは言わない。**「90%成功させますからね」**と自信のほどをアピールするものなのだ。

「うまくいかないかもしれないな……」という気持ちがあるのは当然だ。人間なのだから、リスクに目が向くのは当然であるし、べつに臆病者でなくとも、新しいことに躊躇《ちゅうちょ》したりするのは自然な反応なのである。100%の自信の塊《かたまり》でいられる人など、めったにいるものではない。

そういう不安な感情を持つのは、べつにかまわない。しかし、わざわざそれを他人に見せてどうするというのだ。どれほど危険度を高く見積もろうと、そんなことはおくびにも出さず、むしろ大胆に、積極的に、新しい仕事に取り組み、俺はこれを成し遂げたら死んだっていいんだ、という意思表示をしよう。そのほうが、相手からの評価は格段によくなるはずである。

▼安売りは、自分の価値を落とすだけ
自信がなくとも、値引きするな

セールスマンなら、誰でもお客から値引きを求められた経験があるだろう。「ねぇ、ちょっと負けてよ」と言うのは、お客の常套句《じょうとうく》。フリーで仕事をしている人も、クライアントからよく求められるのが、値引きだ。

自信がない人は、すぐに値引きに応じてしまう。お客に、「価格を安くしてくれないと、他の人に頼んじゃうぞ」と脅されると、すぐに腰が引けてしまうのだ。契約がとれないことが、よほど不安でたまらないのであろう。値引きを拒絶すると、お客やクライアントが怒り出して、二度と仕事をまわしてくれないと思うのであろう。

が、本当は、値引きなどしないほうがいいのである。

あなたがイラストレーターだったとして、「ねぇ、こんな絵だったらさ、俺にだって描けるぜ。ちょっと報酬請求が高すぎるんじゃない？」と先方に言われたら、**「それなら、ご自身で描いてください。こちらは全然かまわないのです」**と言い捨て、さっさと帰り支

度をしてしまおう。

自信がないからといって、自分の安売りをしてはいけない。自分の仕事に、大きな価格をつけてくれる人を探せばいいのである。

安売りをし始めると、悪い仕事しかまわってこなくなる。相手のためを思って安くしてあげたのに、相手はあなたを軽んじるようになってしまい、どうでもいいような、つまらない仕事しかまわしてくれなくなるのだ。つまり、安売りは逆効果なのである。

ハーバード・ビジネス・スクールのL・ワシュー准教授は、30％の値引きがなされた修正ペンと、絶対に割引をしない修正ペンを比較してみたところ、**割引されたペンのほうは、品質の評価を落とすことを突き止めている。**お客は、割引されたペンを見ると、「たいした値打ちはないよ」と思うことがわかったのだ。

もし、あなたが商品を値引きすると、お客は喜んでくれるどころか、「たいして品質のよい商品でもない」と思ってしまうリスクがある。その点、**あなたが頑固《がんこ》に、値引きに応じなければ、お客もそれなりに品質が高いと思ってくれるのである。**長い目で見れば、そちらのほうがずっとお得だ。

商品でなく、自分自身を売るときもそうである。**あなたが自分を安売りすれば、相手**

は、喜んでくれるというより、あなたの人間としての質を、軽んじるものなのだ。したがって、「安くしてよ」という提案には、どんなに仕事がほしくて、のどから手が出そうな状態にあっても、応じてはいけないのである。私も、それで何度も悔《くや》しい思いをしたが、結果としては、それでよかったと思っている。

「安い原稿料で、文章を書いてよ」と求められると、仕事のないライターさんは、喜んで仕事を引き受けてしまう。仕事に困っている編集プロダクションも、簡単に仕事を引き受ける。そんなことをすると、かえって自分の、あるいは自社の評判を落としてしまうことに気がついていない。

「何も仕事をしないよりは、少しはマシだから」などと考えて仕事を引き受けていると、どんどん自分を不利な立場に追い込んでしまう。仕事がもらえるなら何でもします、という卑屈《ひくつ》な態度しかとれなくなってしまい、気がつくと**相手の都合に振り回されて身動きがとれなくなってしまう**のだ。どんなに困窮《こんきゅう》していても、それでも安売りはしないに越したことはないのである。

▼弱さを見抜かれたくないなら、顔をあげろ

私たちは顔で判断されている

徳川時代の名判官として聞こえている板倉重宗《いたくらしげむね》は、相手の容貌《ようぼう》を見て変な先入観を持たないよう、障子《しょうじ》であいだを仕切って、相手の声だけを聞きながら取り調べをすすめたのは、有名な話である。

私たちは、「外見で人を判断してはいけません」と言われて育つが、そんなことはできようはずがない。相手の顔を見れば、その人がどんな人物なのかを判断してしまうものなのだ。板倉重宗は、「顔を見ない」ということで偏見や思い込みに陥《おちい》らないようにしたが、ビジネスマンのみなさんは、誰とも顔を合わせずに仕事をするのは不可能である。

相手は、あなたの顔を見て判断をする。

これは間違いない。

だとしたら、**あなたの感情や性格を隠すのは簡単なことであって、顔を偽《いつわ》ればいいのだ。**たとえば、優柔不断で、意志薄弱な性格をしているとしよう。しかし、そういう弱さ

を相手に見抜かれないようにするのは、そんなに難しくない。

なぜなら、「**顔をあげておく**」ようにしていれば、そんなふうに判断されるのを免《まぬが》れることができるのだから。

アゴをあげるだけでポジティブな評価に

カナダ南部ケベック州にあるラバル大学の心理学者アービッド・カッパスは、72の表情を分析し、**アゴを20度から40度あげていると、強さや楽しさといったポジティブな評価を受けるのに対して、アゴをさげていると、弱さや悲しさといったネガティブな評価を受けることを発見した**のである。

疲れているときや、意気消沈しているときなどは、どうしてもアゴがさがってしまう。しかし、そんな顔を他人様に見せてはいけない。どんなに気分が落ち込んでいようが、それでもアゴをさげずに、意識してあげるのがコツだ。

お客やクライアントと商談中、心理的に追い込まれたときにも、やはりアゴはあげておきたい。アゴをさげなければ、相手はあなたが負けそうになっていることを見抜けないからである。

私は、正直なところ、大変に気の弱い男であるが、「アゴをさげるな」と厳しい父親に言われて育ったので、いつでもやや上方を見るような姿勢で、アゴをさげないようにしている。だから、会う人すべてに弱い男であることは見抜かれていない（と思う）。

私はまた、すぐに気落ちする女々《めめ》しい男ではあるが、それでもどんな状況でも決してアゴをさげないので、少々のことでは音を上げないような、精神的にタフな男であると思われている（と思う）。

「困ったな……」というときには、何も考えずに、ぐっ、とアゴをあげるクセをつけておきたい。心理的に弱い気分になると、自分でも気がつかないうちにアゴはさがってしまうから、「おっと、うつむくのはダメなんだっけ」と自分自身に言い聞かせれば、あなたは強靭《きょうじん》な性格の人間であるかのように見せかけることができるであろう。

▼恥ずかしいときほど、「それが何か？」で押し通せ

ヘラヘラ笑わなければ、突っ込まれない

私の中学時代の友達は、社会の時間に先生から教科書を読むように言われたとき、「豊《とよ》臣秀吉《とみひでよし》」を「ひできち」と読んで、クラス中で大笑いされた。

それから20年近く経《た》った今も、そのときに笑われたことが恥ずかしいそうだ。私も他人のことは笑えず、「疾病」のことを「しつびょう」と読んで、笑われたことがある（正しくは、「しっぺい」）。大学生のときである。

言葉を読み間違えることだけでなく、恥ずかしさを感じることは、誰にでもある。何もないところで転んでヒザを擦《す》りむいたり、失礼なことを言ってしまったり、部下に間違いを指摘したら、本当は自分が間違えていたり、など。

恥ずかしい思いをしたときには、どうしてもヘラヘラと笑ってしまうものだが、本当は、毅然《きぜん》としているのがいい。そのほうが、恥ずかしさを相手に悟《さと》られずにすむ。たとえ指摘されても、**「それが、何か？」という平然とした態度をとりつづけよう。**

「たしかに僕は、『殺気』を『コロッケ』と読みましたよ。ですが、それが何か?」
「たしかに僕は、メロンパンにメロンが入っていると思いましたよ。何か問題でも?」
「たしかに僕は、毎日机のカドに太ももをぶつけますよ。それが何か?」

こういう毅然とした態度をとっていると、そんなことは少しも恥じ入っていないという態度を示せるのだ。相手もそれ以上は、深く突っ込んでこないものである。

あなたが恥ずかしいことを隠すために、苦笑したり、ヘラヘラしていると、相手もからかいたくなってしまうものなのだ。

私たちは、恥ずかしい思いをしたときに、笑ってしまうものらしい。

ドイツ西部にあるボーフム大学の心理学者クラウス・シュナイダー博士は、プラスチックのカエルを、池にみたてたカゴに投げ入れさせるという実験をしたことがある。バスケットのフリースローのようなことをさせてみたわけである。

投げる試みは一人32回やらせたのだが、彼らは、うまくカエルのおもちゃをカゴに入れたときはそれほど笑わず(29%)、失敗したときに笑っていることがわかったのである

（44％）。私たちは、バツの悪いところを他人に見られると、笑ってごまかそうとしてしまうようだ。

本当は、恥ずかしいなと思うときほど、笑ったりしないで、平然としているのがよいだろう。そうすれば、相手にも気持ちを読まれることがない。

「落ち着いた人間」であることもアピールできる

私は、お茶をヒジでひっくり返そうが、資料を忘れようが、平然としている。**「そんなことは、ちっとも気にしていない」という態度を貫《つらぬ》く。**あわてたところを他人に見抜かれるのはイヤなので、そうやって泰然自若《たいぜんじじゃく》としている。この作戦は、私を、**「落ち着いた人間」であることをアピールするのに役立っている。**

もし私が女性ならば、あるいは童顔の若者ならば、恥ずかしいところを見せて、赤面して見せたりするのも、かわいらしく評価されるのかもしれないが、残念ながら、私は、いかつい顔をしたおじさんなのだ。そんなおじさんが赤面したところでかわいいと思ってもらえるはずがない。

バカにされたり、そそっかしいと思われるのがオチである。そのため、毅然とした態度で恥ずかしさを見せないようにするのだ。

▼1分でいい。誰よりも早く出社、誰よりも遅く帰宅しろ
出社時間でワーカホリックを装え

だらだらと仕事をせず、定時できちんと帰りなさい、と説く人は多い。私も、そんなことをアドバイスした記憶もある。

しかし、よくよく考えると、戦略のひとつとして、誰よりも早く出社し、誰よりも遅く帰宅するのは、決して間違いとは言い切れないのではないか、と最近は思うようになった。

あなたが一番早く出社していれば、周囲の人はあなたを尊敬し、感心する。「そんなに仕事を愛しているのか」と。

もちろん、何時間も早く出社する必要はない。せいぜい2番目にやってくる人より10分も早く出社すればいい。**とにかく一番に出社することが重要なのであって、何時間も早く来る必要はないのだ。**2番目にやってくる人より、**1分でも、5分でも早く会社に着く**のである。

帰宅するときもそうである。誰よりも遅く帰宅するとはいっても、あなた以外の人がすべて帰ったら、その5分後に、あなたは帰宅するのである。みんなが帰った後に、さらに何時間もムリをせよ、と言っているのではない。

ビジネスマンであれば、ある程度までは、ワーカホリック（仕事中毒）であったほうが、好ましい評価を受ける。そして、そのための戦略のひとつとして、一番早い出社と、一番遅い帰宅をするのである。それだけやれば、周囲の人からは、あなたは仕事が大好きで、大好きでたまらないように見えるであろう。

聖徳太子《しょうとくたいし》は、十七条の憲法の第八条で、「早く朝《まい》りて、晏《おそ》く退でよ」と述べている。大臣や役人は、朝早く出廷して、遅く退廷しろというのである。人の上に立つくらいの人なら、そういう心がけを忘れるな、ということだろう。

「朝起きるの、キツイんですよね」

そう思う読者がいるかもしれないが、とんでもない。通勤にしても、空《す》いている電車で出社するのは気持ちがいいものだ。冬などは、街全体の空気もどことなく澄《す》んでいて、呼吸しているだけでやる気が出てくる。しかも会社には、まだ誰も来ていないから、仕事がはかどる。

「夜遅くまで仕事をするの、ツライんですよね」

そう思う読者がいるかもしれないが、夜のほうが、お客さんや取引先からのわずらわしい電話がかかってこないし、誰もいないオフィスで、夜の凛《りん》とした雰囲気のなかで仕事をしていると、「俺って、マジメだよなぁ」という自己満足にも浸《ひた》れる。

この戦略は、なるべく若いうちにやっておきたい。若いうちというのは、体力もあまっているし、よい修業になる。根性もつく。40代も半ばを過ぎてから、「よし、誰よりも早く出社しよう」と思うのは、苦痛であるが、若いうちならなんとかなる。しかも、結婚前であれば、家族サービスする必要もないから、どれほど残業しても問題ない。

できるだけ仕事をサボりたいとか、手を抜きたいと思うのが人情であるが、人生の一時期においては、思いっきり仕事に打ち込んでみるのも、それはそれでオツなものである。「あいつには、誰もかなわない」という噂が社内に立つくらいまで頑張ってほしい。他の人からホメてもらえると、それが自分にとっての励《はげ》みにもなるのだ。

ただし、一番早く出社しても、一番遅くまで頑張っていても、日中の勤務時間でだらだらと仕事をしていたり、隣の人と無駄話ばかりしていたら、評価が下がってしまうことは言うまでもない。

▼夜型になるな。成功者に朝型が多い理由

夜型はグズなイメージ

誰よりも早く出社し、誰よりも遅く帰宅する。

これが理想ではあるけれども、その両方をやるのは少々キツイかもしれない。そこで、どちらか一方を選ぶのだとしたら、私は迷わず前者を採用しなさい、とアドバイスしたい。なぜなら、そのほうが、周囲の人からのウケがよくなるからである。

出版社によっては、午後になってのんびり出勤してきて、新聞などを読んでダラダラと過ごし、夕方近くになって、ようやく仕事にとりかかる人がいる。それでも売れる本が作れる人は、けっこう尊敬を集めていたりする。けれども、出版社というところは、きわめて特殊な業態であって、普通の会社に、普通に勤めている人には参考にならない。

普通のサラリーマンにとっては、誰よりも早く出勤することで、やる気があって、エネルギーに満ち溢《あふ》れているところをアピールしたほうがいい。

米国メリーランド州にあるロヨラ大学の教育心理学者ブライアン・ヘス博士は、107

名の大学生の調査結果から、**「夜型」ほど、学業に意欲的に取り組まず、グズグズしている傾向があることを突き止めた。**夜型は、物事を後回しにして、なかなか取り組まない傾向があったのである。

誰よりも遅くまで仕事をし、残業、残業という生活を送っていると、その努力は評価されるかもしれないが、**「あいつはグズだよな」という好ましくない評価までされてしまいかねない。**だから、「朝型」のほうに軍配が上がるわけである。

「仕事ができそうなイメージ」が大事

不思議なもので、**誰よりも早く出社する人は、「なんとなく仕事ができそうなイメージ」も振りまく。**その証拠に、雑誌でとりあげられるような経営者に、朝が弱い人は、ほとんどいない。彼らは、他の人がまだペースがあがらない午前中に、たいていの仕事を片づけてしまう名人なのである。だからこそ、成功するわけである。

みんながのんびり出社してきたら、「すでに会議用の資料は作成しておきましたから」とか、「あの案件は、僕が処理しておきましたから」と言えるのは、単純にカッコイイ。

たとえ、作成した資料が読みにくかろうが、その処理の仕方があまり見事でなかろうが、それでも良い評価を受けることは間違いない。

日中、オフィスにお客さんやら社員が大勢うろうろしている状況では、頭もうまく働かないが、朝のうちの、まだ誰も職場にいない状況では、ストレスも緊張もなく、頭もクリアに働く。その時間帯に仕事を片づけるのである。

私もかつては、夜遅くに原稿を執筆し、「徹夜するのが作家なんだ」と一人で悦《えっ》に入っていたものだが、今ではその当時の自分を鼻で笑うだけである。仕事の能率は、午前中のほうが明らかに高い。**その時間帯を有効活用すれば、いくら才能が足《た》りなくとも、十分な仕事ができる。**これは私の経験から断言できる。

▼2、3度無視して、仕事に没頭しているように見せる

「集中している人」を演じきる

自分に与えられた作業に没頭している人は、他人の声が気にならない。目の前の仕事しか見えていないから、他人の声が耳に入ってこないのである。

受験勉強をしているとき、家族の話し声がうるさいといって怒るような学生は、本気で集中していないのである。もし本気で本を読んでいたら、時間も忘れるし、家族の話し声なども シャットアウトできるはずだからだ。

私の息子は、ニンテンドーDSで遊んでいるときには、話しかけても返事をしない。ゲームの世界に入り込んでしまうので、私の声が聞こえなくなるのである。おそるべき集中力。そこまで集中して勉強もしてもらいたいと思うのだが、子どもの頃の私も息子と五十歩百歩だったから、あまり強く怒ることができない。

東テキサス州立大学のB・ガゼラ博士は、「勉強ができる人は、みな一様に、集中力のある人だ」と述べているが、同じことは、仕事にも言える。**他人の声が気にならないくら**

い集中している人ほど、仕事が成功するのである。

大好きなことに没頭していれば、周囲の雑音がまったく気にならなくなる。集中力のある人は、これができるのである。集中力を磨くことは、バリバリ仕事をこなすうえで、とても大切なのだ。

「そんなに仕事が好きじゃないから、集中しろったって、できませんよ」

「他人の声が気にならないほど集中できるのは、一部の人だけじゃないんですか？」

なるほど、そんなふうに考える人がいるかもしれない。好きでもない仕事に、そうそう集中できるわけがないからだ。

では、ちょっとだけ表現を変えて、みなさんに質問したい。**「集中しているような演技をするために、他人に話しかけられても、とぼけることはできますか？」**と。

これならできそうだ、と思う人が大半であろう。

上司から、「おい、○○！」と名前を呼ばれていることに気づいても、自分が何かの仕事をしているなら、無視して作業をつづけるのである。**相手が近づいてきて、もう一度声をかけられて、はじめてびっくりしたような顔で返事をすればいい。**

これを何度か繰り返せば、あなたはとんでもなく集中していて、他人の声が耳に入らないほど、仕事に没頭できる人間なのだ、と周囲の人たちも思ってくれる。コンピュータに向かって仕事をしているなら、上司に話しかけられたとしても、やや険《けわ》しい顔をして、画面の一点を凝視しつづけるのだ。殺気立った顔ができるのなら、万全である。そういう顔をして、とぼけていれば、上司も話しかけてこなくなる。なぜなら、集中しているあなたを邪魔するのは悪いと思ってくれるからだ。

ただし、丁寧《ていねい》な返事を忘れるな

とはいえ、**何度も相手に声をかけられたら、丁寧《ていねい》に返事しなければならないことも覚えておこう。**５回も６回も名前を呼ばれ、気のない態度で、しぶしぶと「……なんスか？」と返事をしたら、集中しているというより、ただ単に話しかけてきた相手のことを嫌っているだけで、無視していたのだと思われてしまうからだ。

２、３回名前を呼ばれたとき、ハッと我に返って、「すみません、何でしょうか？」と丁寧に返事をするのがマナーであるし、それでこそ、あなたが仕事に没頭しているイメージが出せるのである。

▼仕事を家に持ち帰るな

職場で見せつけてこそ意味がある

イタリア・ルネサンスの芸術家ミケランジェロは、自分の仕事ぶりを決して人に見せなかったことで有名である。彼は、いったん仕事にとりかかると、決して人に会わないようにした。

彼はローマ教皇からも、何度か仕事を依頼されているが、教皇にさえ仕事場への立ち入りを禁止したほどだった。あるとき、教皇が助手に変装して侵入しようとしたが、ミケランジェロはそれを見破って、板切れを投げつけて追いかえしたという。仕事ぶりを徹底して隠していたのだ。

言うまでもなく、ミケランジェロは天才芸術家。だから、こういうことができたわけであるが、サラリーマンのみなさんは、これとは「逆のこと」をしなければならない。つまり、自分が仕事をしていることは、周囲の人たちに見てもらわなければ、まったく意味がないのだ。

よく自宅に残務を持ち帰ってやってくる人がいるが、そんなことは絶対にやってはならない。**仕事は職場で片づけるものである。**職場で一生懸命やっている姿を見せつけることに意義があり、そうしてはじめて人事考課の対象になるのだから。

「見てください、僕は、自宅でこんなに仕事をやってきたんですよ！」

まったく自慢にもなりはしない。せっかくのプライベートタイムを、そんなことに使うべきではない。もし仮に自宅で仕事をしているのが事実でも、黙っているほうが謙虚である。

「一流のスポーツ選手は、誰も見ていないところで人一倍汗をかいている」というが、みなさんは、**人がいる前でのみの汗っかきになろう。**自宅は身体を休めるところ、癒《いや》しの場なのであって、そんなところに汚染物質を持ち込まないというルールを決めておくべきである。

ゴミは人前で拾え

人間の評価は、「見えているものがすべて」なのである。あなたがどれほど自宅で頑張っても、それは他人には見えないのである。どうせ同じ努力をするのなら、職場でやらなければならないのだ。

誰も見ていないところで、ゴミを拾ったり、雑草をむしったりすることは、人間として素晴らしく道徳的なことであるが、**どうせやるのなら、人通りの多いところでゴミを拾ったほうが、みんなに感心してもらえるし、「俺って、環境にやさしい男だよなぁ」という自尊心が満たされるのである。**「そんなのは打算的だ！」と思われるであろう。そう、計算でやるのである。しかし、それでいいのである。

自宅でいくら夜遅くまで頑張ろうが、職場でウトウトしていたら、あなたの評価は間違いなく下がる。その点、自宅ではまったく仕事のことを忘れているが、勤務時間中は、誰よりも張り切って仕事をすれば、たとえそれが計算でやっていることでも、間違いなく評価はよくなるのである。

▼集中と緩和のギャップをつくれ

休憩中を賑やかに過ごし、社交性をアピール

勤務態度は、メリハリが大切だ。勤務時間中に無駄話をしてはいけないのは言うまでもないが、休憩の時間には、思いきり騒《さわ》がしい男にならなければならない。そのギャップが、メリハリなのだ。

勤務時間中、物静かであるのはよいことである。が、休憩中まで、一人で物静かに音楽を聞いたり、読書などをしていると、「あれれ、こいつは〝物静か〟というより、むしろ〝暗い男〟なのかな？」と思われかねない。せっかく周囲には同じ職場の人間がいるのだから、勤務時間中のうっぷんを晴らすくらいの勢いで、大きな声で談笑したい。

ニューヨークにあるコルゲート大学の心理学者ジョン・キャンベル博士は、**「明るく、社交的な人に見られたいなら、騒がしさを好むくらいがいい」**と述べているが、さすがに勤務時間中におしゃべりしまくるわけにはいかないから、そのぶんを休憩時間中に取り返

すわけである。

どれだけ休憩時間に騒ごうが、仕事に戻る時間になったら、ピシッと襟元《えりもと》をただし、表情を引き締め、すぐさま仕事モードに移れれば見事である。できるだけそのギャップが目立つように、休憩中は大いに騒ごう。

一番まずい仕事のやり方は、仕事をしているのか、それとも休憩中なのか、よくわからないものである。職務の内容を知らない第三者から見ても、仕事中なのか、休憩中なのかが一目瞭然になるくらい、ギャップをつけよう。

勤務時間中は、鬼気迫《ききせま》るほどの仕事をし、休憩時間には、仏《ほとけ》様のようにニコニコする。そのギャップが大切なのだ。

仕事中に、他の人から、「今、時間大丈夫ですか？」と話しかけられるようではいけない。そんなふうに話しかけられるということは、あなたが鬼のような顔で仕事をしていない証拠である。本気で仕事をしている人には、怖くて誰も近づけないものなのだ。

そしてまた、休憩時間がきたら、やりかけの仕事をさっと放り出すことが大切である。グズグズと仕事を延長したりせず、すぐに頭を切り替えて、騒がしい男になるのだ。「やったぁ、休憩！」と大げさに喜んでみせ、みんなのぶんまで、お茶やコーヒーを淹《い》れてあげるのだ。コーヒーを淹れてあげ、「はい、どうぞ」と持っていけば、口下手な人でも、自然な形で、会話をすることができる。

一人で休むのは自宅に戻ってから

休憩時間には、一人でのんびり、木陰《こかげ》で休みたいという人もいるかもしれない。その気持ちは、よくわかる。〝陰のある男〟を演出したいのならまだしも、そうやって休憩する姿は、あまりにも見苦しい。

一人でゆっくり休むのは、自宅に戻ってからと割りきり、みんなとの休憩時間には、できるだけ騒がしい男であったほうがいいのである。どうしても一人になりたいなら、せめてトイレで休もう。

休憩中は、みんなとワイワイやるのが正しい職場のあり方というものである。たまには、休憩時間が終わったというのに、５分や10分延長して盛りあがってしまうこともあるだろうが、それはそれでかまわない。それくらいなら、上司もお目こぼししてくれるはずだ。

▼豊かな口髭《くちひげ》で100倍タフな男に
オドオドしている姿もばれにくくなる

貧相《ひんそう》な顔だちのリンカーンが、弱々しく見られないように口髭《くちひげ》をたくわえたのは、有名な話である。

先日、産経新聞社刊の『ルーズベルト秘録』を読んでいたら、同じようなことをマッカーサーもやっていたことを知った。マッカーサーは、足が悪く、それまでステッキを使って歩いていたのだが、1942年後半頃から、弱々しく見られるというので捨ててしまい、代わりにコーンパイプを口にくわえるようにしたというのだ。

リンカーンにしろ、マッカーサーにしろ、「他人にどう見られるのか?」という、今風の言葉でいえば、「イメージ戦略」を大事にしたといえる。リンカーンは、強くてタフな男のイメージ、マッカーサーは、お年寄りではなく、若々しい男のイメージを売り込んだのだ。

どんな人でも、外見をちょっと変えてみると、驚くほどイメージが変わる。髪を伸ばしっぱなしで、ボサボサの人でも、短く刈り込むと、清潔そうな人に見えるのは、そのためである。

もし、あなたが気が弱い男で、リンカーンのように貧相な顔だちをしているのなら、リンカーンのマネをして、口髭をたくわえるとよい。実際、私の友達の一人は、会社に入ってすぐに、上司から、「もっと太れ」とか「髭を伸ばせ」とアドバイスされたという。私の友達は、スリムすぎたので、自信に欠ける男のように見えたのだ。

また彼は、お客を目の前にするとあがってしまう性質だったのだが、**口元に髭を伸ばすようにしたところ、オドオドしている姿がばれにくくなった**とも言っている。上司のアドバイスは、どちらも有効だったのだ。

ビジネス書には、「毎日、髭を剃《そ》りなさい。清潔感こそ大切です」などともっともらしく書かれているが、そうすべきかどうかは、人によるのかもしれない。イギリスの心理学者N・バーバーも、口髭は決して悪い評価を与えず、むしろウケがよくなることがあるとさえ述べている。

そういえば、豊臣秀吉も、あまり顔だちがよくなかったそうで、諸大名と会うときには、立派な口髭をつけて臨《のぞ》んだ、という話も残されている。普通の顔のままだと、ナメられてしまうことを恐れたにちがいない。武田信玄《たけだしんげん》も、結核を患《わずら》ったことを隠すために、口の中に綿《わた》を含み、頰《ほお》に髭を伸ばしたという逸話《いつわ》が残されている。

貧相な顔だちで悩んでいるのなら、豊かな口髭をたくわえるようにするとよい。たったそれだけで、あなたは見違えるほど、自分の印象を変えることができる。

私も、どちらかというと優男《やさおとこ》のように見えてしまうので、本当は、髭を伸ばしたいのである。明治の元勲《げんくん》たちのように、立派な髭を持ちたいのである。しかし、残念なことに、私はもともと髭が薄いので、髭を伸ばすと、かえって貧相に見えることに気がついた。そのため私は髭が伸ばせないのである。

もし、読者のみなさんで、髭が濃いと思うのなら、数週間我慢して、立派な髭面になったほうがいい。そうすれば、**10倍も100倍も、精力的で、タフな男に見られる**はずで、そのほうが本物の実力を伸ばそうとするより、はるかにてっとり早かったりするのである。

▼人前で速く読め。それだけで頭がよく見える

見出しを拾って、「なるほどね」だけで速読に見える

自慢めいて聞こえるかもしれないが、私は、文章を読むのが速い。特別な速読術を学んだわけではないのだが、毎日1冊ずつ、年間365冊の単行本を読むということを何年もつづけた結果、そうなってしまったのである。

私は、一抱えもありそうな分厚いレポートや報告書を見せられても、パラパラとめくっているだけで、およその内容は理解できる。精読しているわけでもないのだから、これは私だけではなく、誰でもできるだろう。数十枚のマニュアルや議事録であれば、ものの数秒で読み終える。

私がそうやって読み終え、「なるほど、大筋は理解しました。それで、私にご相談したいこととはなんですか？」と切り出すと、たいていの人は度肝《どぎも》を抜かれたように驚く。そうやって度肝を抜いておけば、相手を手玉にとるのはたやすい作業だ。

文章を読むスピードは、速ければ速いほど有利である。

頭がよさそうに見えるからだ。

ミネソタ大学のウェンディ・ジョンソン博士は、読解力と知能指数にはかなり高い相関が見られることを報告しているが、**読むのが速い人は、本当に頭もいい**のである。だからこそ、人前で何かを読むときには、「なるべく速く読んでみせる」ことが求められるわけである。

新聞であれ、雑誌であれ、**職場で文章を読むときには、圧倒的なスピードで読み終えよう。実際には、読めていなくとも、読んでいるように見せかけよう。分厚いレポートを読むときには、見出しだけを拾って、「なるほどね」と言うのである。**「○○さん、本当に全部読んでいらっしゃるんですか？」と誰かに聞かれたら、雑誌をポンと相手に手渡して、**「どこでもいいから質問してごらん。全部、頭に入っているから」**と自信たっぷりに答えよう。大丈夫、たいていの人は、わざわざあなたの記憶を確認しようなどとしないものである。

大ざっぱに眺《なが》めるだけでもいい

よほど疑り深い人なら、あなたに質問をしてくるかもしれない。そんなときには、**「それは、○ページにあった記事だよな」**とか、**「その隣に、○△という記事が出ていたろう」**と少しでも記憶に残っていることを答えればいい。不思議なもので、パラパラと雑誌をめくっているだけでも、多少はそういう記憶が残っているものである。

文字を読むスピードが遅いと、頭の回転のほうも遅い人間であると思われてしまうので、少なくとも人前では、速読ができるかのような演技をしておきたい。できれば、まったくの演技ではなく、多少なりとも速読できる能力を磨いておくと、なおよい。

私の学生時代の先輩は、驚くほどのスピードでパソコンをスクロールさせながら情報収集していたが、そういう姿を見せるのは、周囲の人間の度肝を抜くのに十分な効果を発揮するのである。ちなみに、その先輩も、速読の秘訣を私がお聞きすると、内容を精査するというよりは、大ざっぱに眺《なが》めているだけだよ、ということであった。

第３章の

まとめ

◎臆病者と思われたくないなら、「景気のいいことだけ口にする」「安売りしない」「顔をあげる」が3大鉄則

◎恥ずかしいときほど、笑わずに、平然としろ

◎仕事熱心に見せるには、「出社時間」「集中」「人前で働くこと」をアピール

◎オドオドしている姿を隠すには、口髭も有効だ

◎頭よく見せるには、人前で速く読む（ふり）

第4章

できる人、好かれる人になる! 超「会話」「交渉」テクニック

―― 相手の一枚上をいく! 話し方の心理術

▼お詫《わ》びするときは、出向かないほうがいい（こともある）

ビジネスマナーを疑え

取引先にご迷惑をかけて、お詫《わ》びに行かなければならないような状況では、**本当に自分が直接出向いたほうがいいのかどうか、よくよく考えてみなければならない。**

「自分が直接お詫びに行くのが正しいやり方です」と、誰もが言う。モノの本にもちゃんと、そう書いてある。しかし、本当なのだろうか。本当に、自分が謝《あやま》りに行ったほうが、いつでも必ず効果的なのだろうか。

私は、そうは思わない。直接来られると、かえって迷惑、という状況もある。たとえば迷惑をかけた取引先の社長の自宅の住所を調べあげ、直接お詫びに行ったところ、「こんなところにまで、ノコノコやってきやがって！」と怒鳴《どな》られた人を、私は何人も知っている。

もちろん、直接にお詫びに行ったほうが、うまくいく人もいる。それは、もともと泣き顔を作るのがうまく、まるで俳優のように涙を流せる人だ。あるいは、これまでの人生で、何度もお詫びした経験のある人だ。そういう人なら、直接お詫びに行ったほうがいい。なぜなら、上手なお詫びができるからである。

しかし、最近の人は、お詫びの訓練などこれっぽっちもしていないから、「すまないな」「申し訳ないな」という顔を作るのがヘタである。

なかにはちっともすまなそうな顔をしておらず、どうして自分がお詫びになど行かなければならないのか全然把握《はあく》しておらず、キョトンとした顔で、「とりあえずお詫びに来ました」と言ってのける人さえいる。そんな人に謝られても、相手は許してくれるわけがない。

つまり、**直接謝ったほうがいいのか、それとも手紙や電話などですませたほうがいいのかは、その人のキャラクターによるのである。**いつでも必ず、「直接出向かなければならない」というわけでもないのだ。

自分のとくい技でお詫びする

ロチェスター大学のＭ・ズッカーマン博士は、「声のきれいな人は、電話だけで勝負しろ」と述べているが、得意なところで勝負するのは、戦略の常道である。**文章に自信があるのなら、詫び状を書けばいいのだし、反省している声を出すのがうまいのなら、電話でお詫びすればいい。**自分の謝り方に自信がある人だけ、直接お詫びに行けばよいのだ。

慣れていないことは、やらないにかぎる。普段から、誰にも頭を下げたことのない人間は、お詫びするのもヘタである。企業が不祥事を起こして、社長が大勢の報道陣の前で謝罪する場面がニュースで伝えられることがあるが、みな一様に、どうしようもないほどヘタクソなお詫びをしている。きっと、普段の生活では、威張りくさっているだけで、人様に頭を下げたことがないのであろう。人間は、練習していないことはできないものだ、とつくづく思う。

相手に直接会ってお詫びしたいというのなら、あらかじめ頭の下げ方から、土下座の仕方まで、きちんと練習しておかなければならない。「ご迷惑をかけてすみません、ホントに、ホントに、申し訳ございません。ううう……」と唸《うな》りながら涙を流す訓練もしておかなければならない。

私は、去年、就職活動を終えた学生を対象にした講演会に呼ばれ、これから社会に出ようとする学生に向かって一言述べる機会を頂戴した。そのときに「みなさんは社会に出れば、どうせみんなに迷惑をかけます。ですから、今のうちから、謝り方だけは練習しておいたほうがいいですよ。絶対に必要になりますからね」とアドバイスさせてもらった。

「そうそう、ちゃんと土下座の練習もしておくんですよ」と言うと、学生たちは笑っていたが、本当に必要なのである。練習しておけば、いざというときも安心なのである。

▼つまらない話こそメモを取れ
メモを取りながら聞けば、話し手は安心する

つまらない話は、積極的に聞くものである。

つまらない話だからこそ、積極的に聞くのである。

「ならぬ堪忍《かんにん》、するが堪忍」という言葉がある。我慢できないようなことをして、はじめて我慢なのである。ひどく退屈な話をされると、とたんにイヤな顔をする人がいないわけではないが、それではビジネスマン失格だ。退屈な話でも、目を輝かして、さも興味があるように聞いてあげたい。

といっても、もともと退屈な話をどうやって積極的に聞けばいいというのか。

私の説明が舌足らずであったが、**「積極的に聞く」のではなく、「積極的に聞いているように思わせる」ことができれば、それでいいのである。**そのための秘密の小道具が、**メモである。**要するに、**メモを取りながら話を聞くのだ。**

もしお医者さんが、カルテもとらずに、患者の話を聞いていたらどうだろう。患者とし

ては、「本当に、マジメに聞いているの？」と思うであろう。医者の誠実さを疑ってしまうであろう。

その点、患者の話を真摯《しんし》に聞きながら、何かを一生懸命にカルテに書き込んでいるお医者さんは、「あなたの話を、きちんと聞いてますよ」ということを、行動によって示している。

同じことはビジネスにも言える。**メモを取ってあげれば、話をしている人間は安心するものなのだ。**私も取材を受けるとき、テープレコーダーで、こちらの発言を録音してくれたり、ノートにメモを取っておいてもらえると、「ああ、俺の話を大切にしてくれているんだな」と思う。新人のライターさんほど、熱心にメモを取ってくれるので、私は好きだ。

その点、ベテランのライターさんには、「メモなんか取らなくとも、話は全部理解できるよ」という人がまれにいる。こういう人は、おしゃべりしているだけで、メモを取ってくれない。おそらくそれでも大丈夫なのだろうが、なんとなくこちらは気分が悪い。大切にされていないというか、軽んじられているというか、そういう気分になってしまうのだ。

退屈な話であれ、積極的に聞いてあげるという姿勢を相手にアピールしたい。そのためには、メモだ。メモしかない。しかも、メモを取って手を動かしていると、眠気も吹き飛ぶという効果もある。

「うわぁ、いい話だなぁ。すみません、メモを取っていいですか？」
「これは、他の人にも聞かせたいなぁ。参考になるなぁ。メモを失礼します」

こんな感じで、相手の話をメモに取るのが必要である。相手はきっと欣喜雀躍《きんきじゃくやく》するであろう。人間の心理は、けっこう単純だったりするのである。

もちろん、メモ帳を相手に見せるわけではないのだから、真剣にメモを取るかどうかは、読者ご自身の判断でかまわない。H・キース・メルトンなどは、その著書『ヌスムビジネス』（ソフトバンククリエイティブ）において、「退屈なときには、ノートやメモ帳にラクガキでもして時間をつぶせ」とアドバイスしているが、そうしてくれてもかまわない。どうせ相手にはあなたが何を書いているかはわからないのだから。

▼相手を喜ばせるメモの取り方

片っぱしからメモを取れ

ビジネス書を読んでいると、メモの取り方に関して、「何でも書き込もうとするのではなく、ポイントだけ、自分の心に引っかかったものだけを書き取りましょう」などと書かれていることがある。逆である。**メモは、〝片っぱしから取る〟のが正解である。**とりわけ、相手を喜ばせるときのメモ術としては、そうである。

相手が何かの話をあなたに語って聞かせてくれるとき、**楽しいこと、興味を持ったことだけをメモに取ろうとするのは、あなたが「打算的」な人間であるかのように見えてしまう。**

役に立ちそうだからメモに取るというのでは、相手はあまり嬉しくないのだ。なぜなら、メモを取っていないときには、「その話は、あんまり面白くないね」と言われているような気がするからだ。

メモを取るとき、相手の話を片っぱしから書いてあげるようにすると、「あなたの話は、

全部参考になる、全部面白い、全部興味がある」というサインを送ることができる。だから、相手に迎合するという意味では、メモを取ると決めたら、片っぱしから書きなぐっていくのが正しい姿勢なのである。

メモを取ったり、取らなかったりという取捨選択は行なうべきではない。そういうことは、後でゆっくりやればいいのであって、あるいは相手にわからない自分なりに決めたマークや印をこっそりつければいいのであって、少なくとも目の前では、相手がしゃべっていることは一言一句たりとも聞き漏らしていませんよ、といううわべの姿勢を見せることが大切になってくる。

メモを取るとき、5分や10分で一回くらい、ちょこちょこと書いてみても効果は薄い。少なくとも私は、そうやってメモを取る人が好きではない。ノートにびっちりと、マジメに何でも書いてくれる人のほうが好感が持てる。

たくさん書く人は活動的

ロンドンにある、キングス・カレッジの精神医学者エリアス・ツァカニコス博士は、1

９０名の大学生に、１分間、ある特定の文字で始まる単語をできるだけたくさん書かせるという実験をしたことがある。

たとえば、「C」という文字が指示されたら、「Café」とか「Cook」という単語をたくさん書き出させてみたのだ。

この実験をすると、**たくさん書ける人ほど、活動的で、人生から楽しみを引き出せるタイプであることがわかった。**逆に、あまり書けない人は、活動的でない人に多かったのである。

鉛筆やボールペンを、ひっきりなしに動かせる人は、性格的にも活動的な人が多いというわけだが、見た人にもそれはわかるのである。のんびりと、少しだけメモを取っている人は、ひどく生気に欠けて見えてしまうのだ。

やる気のあるところを見せるためにも、メモを取るのなら、小さなメモ帳にちょこちょこと書くのではなく、大きめのノートに、大きな字で、片っぱしから書いていくほうがいい。良い文章を書いてくれるライターは、だいたいそうである。

一般に、大学の先生は、講義中に、自分の話を全部メモしてくれる人が大好きである。真剣に聞いてくれていると思うから、嬉しいのだ。頬杖《ほおづえ》をつきながら、仕方なくという感じで、しぶしぶノートを取っている学生は、見ていて不快なのである。

「うわぁ、いい話だ。うわぁ、それも参考になる話だ……」とつぶやきつつ、相手の話をメモしてあげよう。それだけで相手も喜んでくれ、誰にも教えたことのないとっておきのネタなども開陳してくれるはずである。

▼面接では、福利厚生系の質問はするな

ホンネを読まれずに「やる気」をアピール

面接においては、面接官にホンネを読まれないことが重要である。就職面接であろうが、転職面接であろうが、とにかく**面接で一番大切なのは、「やる気」をアピールすることである。**そんなにやる気などなくとも、さもありそうなアピールをしておくことである。やる気のない人材を採用してくれる面接官などいないのだから。

「ハーバード・ビジネス・レビュー」誌の調査によると、出世にあたって役に立つ要因のうち、「やる気」と答えるマネジャーは、93・5％にものぼるという。たいていのビジネスマンは、「やる気」こそ、どんな職業でも大切なことは知っているはずだ。面接をする人事担当者もそれは知っている。やる気のある人間がほしいのだ。やる気のない人間には、そのまま帰ってほしいのだ。

では、面接において、あなた自身のやる気を疑われないためのアドバイスをひとつしておこう。

それは、“**福利厚生系についての発言は慎《つつし》め**”、ということだ。

たとえば、面接官から「どうしてわが社をお選びになったのですか?」と質問されたとき、週休二日制がきちんと守られているから、とか福利厚生が充実しているから、などと答えてはいけないのである。

そんなことをしたら、あなたがやる気のない人間であることがばれてしまう。正直であるのは人間としての美徳であるが、そんなところで正直者にならなくてよい。

面接が終了し、「なにかご質問はありませんか?」と相手にうながされたときも、有給休暇はどうなっているのか、などという質問は、避けよう。どんな理由をくっつけてみたところで、あなたにやる気がないのがばれてしまうからである。

谷所健一郎《やどころけんいちろう》さんの『転職者のための面接試験必勝法』(すばる舎)を読んでいたら、同じようなアドバイスがなされていた。仕事に対するやる気を疑われたくなければ、休みについての質問は絶対に避けろ、というのである。まったく同感だ。

自分のどこを見せて、どこを見せないか

「面接では、自然体でいきましょう、偽《いつわ》りのない自分をアピールしたほうが面接官のウケもよいものです」と考える人もいるだろうが、私はそう思わない。ある程度まで、**自分のどこを見せて、どこを見せないかということを戦略的にやることは、面接に限らず、あらゆる人間関係において大事なのだ。**

私が、マネジャークラスの面接を受けることになったとして、「キミは、部下のために死ねるかね？」と面接官から質問されれば、「もう何度も死んできました」というくらいの返事はすると思う。ウソに決まっているのだが、それでもそう答えることで、やる気は評価してもらえるはずだからだ。

面接は、狐《きつね》と狸《たぬき》の化《ば》かし合いである。面接官は、「うちの会社は良い会社ですよ」とアピールするし、応募者は、「僕はやる気がありますよ」とアピールする。

お互いにそんなことをするのは、面接が本来そういうものなのであって、悪いことでも何でもないのである。面接で勝ちたいのなら、少しでもやる気を疑われるようなことは口にしないことが大事なのだ。

▼知っていることも「知らない」ように振舞え

相手の得意話には口を挟《はさ》むな

二宮尊徳《にのみやそんとく》は、「相手が才能のない人ならば才をはずしなさい。無芸ならば芸をはずし、無学ならば学をはずしなさい。それが交際のコツで、そうしないと人間関係はうまくいかない」という教えを残している。

たとえ知っていることでも、とぼけて知らないように見せることも大切である。

もしクライアントが、得意げな顔をして、ゴルフ談議をし始めたのだとしたら、たとえあなたが学生時代にゴルフ部の部長をしていて、ゴルフに関する知識が相当なものであったとしても、**「へぇ、そうなんですねえ。それは、知らなかったなぁ」と大げさに驚きつつ、耳を貸してあげるべき**である。なぜそんなことをするかといえば、**相手が喜んでくれるから**だ。

「○○について、知っていますか?」と聞かれたときは、とりあえずは、**「よくわかりません。何のことですか? 教えてもらえますか?」と答えておくのがセオリーである。**相手は、それについて語りたがっている場合が、ほとんどだからだ。

ごくたまにではあるが、私に対して、心理学のネタについて語ってくる人がいる。「内藤先生、こういう女性心理があるのをご存知ですか？」といった具合だ。私は、心理学をメシの種《たね》にしているくらいだから、たいていのことは知っている。だてに毎週何十本も専門雑誌の論文を読んでいない。けれども、涼《すず》しい顔で茶を啜《すす》りながら、**「いやぁ、知らないですねぇ。ぜひお聞きしたいですねぇ」**と答える。なぜかといえば、相手を喜ばせるためである。

「私は、心理学について詳しいんですよ」と言いながら、血液型占いやら、姓名判断について熱心に語ってくれた人もいる。当然ながら、それらは占いであって、心理学ではない。だが、そんなことを指摘しても仕方がないので、私はじっくりと話を聞いてあげる。そして、頃合いを見計らって、「へぇ、心理学では、いろいろなことがわかるんですねぇ」と大げさに感心してあげたりもする。これをやってあげると、たいていの人は私のファンになってくれる。

ただ聞いてあげれば、相手に好かれる

イリノイ州立大学のスーザン・スプレッチャー博士は、**相手の話を聞いてあげればあげるほど、「また、この人と会いたいな」という気持ちを高めることができる**と述べている。

耳を貸してあげるだけで好かれるのだから、相手の話くらい、いくらでも聞いてあげようではないか。

相手の得意話は、ただ感心して、「ふむ、ふむ」と聞いてあげればよく、自分の意見などを言う必要はない。流してあげるのがポイントだ。

たとえば、ワイン通だと自称するお客さんが、「やっぱりワインはボルドーだよな」と語りかけてきたとしたら、黙ってうんちくを聞いてあげればいいのだ。決して、「ボルドーなら、メドック地区のサンジュリアンが美味しいですよ」などと、ですぎた口をきかないようにするのがコツである。

▼人に伝わる声を出すには？

言葉に感情を込めよ

最近の若い人は、あまり声を出さないような印象を受ける。なぜかはわからない。私が新幹線の自由席に乗ったときのことである。空《あ》いている席にカバンを置いている若い男性がいたので、「こちらの席、よろしいですか？」と尋ねると、彼は何も言わずに、カバンをどかしてくれた。無表情のまま席を空けたことはまだ許せるとして、なぜ「どうぞ」という一言が出ないのだろう。そういう言葉は、非常に大切だと思うのであるが。

声を出すのは、人間関係における潤滑油《じゅんかつゆ》のようなものである。「ありがとう」「ごめんなさい」「こんにちは」という言葉は、どんな人を相手にするときでも必要だと思われる。

ただ声を出すだけでは、本当のことを言えば、まだ不十分だ。**最低限の言葉を、出し惜しみすべきではない。**

そこには、**感情を込めなければならない。**

フランク・ベドガーの著書、『私はどうして販売外交に成功したか』（ダイヤモンド社）

という古典的な本があるが、その中で彼は、デール・カーネギーにはじめて会ったときのことを振り返っている。販売員として駆け出しのベドガーは、カーネギーに次のように怒られたというのだ。

「キミは自分でしゃべっていることにキミ自身が興味を感じるかね？」

「ええ、もちろん」

「それじゃ、なぜもっと熱の込もった話し方をしないんだ？」

ベドガーは、このお叱りを受けてから、「こんな熱心なセールスマンにはいまだかつて一度も会ったことがない」とお客に思ってもらえるような話し方をしよう、と心に期したそうである。

声には、その人の感情がよくあらわれる。熱心さをアピールしたいのなら、熱く語らなければならない。感謝したいのなら、「ありがとう」という言葉にも感情を込めなければならない。そうやって、はじめて言葉が生きてくる。

アイオワ大学の教育学者ウィリアム・パックウッドも、**「人を説得したいのなら、元気な声でやれ」**とアドバイスしているが、声の調子というのは非常に大事なのだ。

陽気な声で性格も陽気に

「内藤先生、いい原稿書けてますか？」と編集者に電話で聞かれたとき、内心は、それほどうまく書けたとは思っていなくとも、「もう、バッチリですよ！　今年の話題本になりますよ！」と元気に言うからこそ、相手もホッと胸をなでおろしてくれる。声の調子さえうまく偽装すれば、相手もそれに説得されるのである。

声を出すのが苦手な人もいるだろうが、表情の訓練をするのと同じように、発声の練習もしておきたい。感謝の声、驚きの声、陽気な声、不機嫌な声など、さまざまな感情を、声の調子だけを変えてうまく出せるようになれば完璧である。

しかもまた、**普段から陽気な声を出すようにすると、性格も陽気になっていく。**ポジティブな自分づくりのためにも、発声の練習はおススメである。

▼3つの発声のポイントで人に好かれる声になる

人に好かれないのは、声のせい

もし今のあなたが、あまり人に好かれないのだとしたら、その原因のひとつは「声」だ。あなたの声に魅力がないから、良い評価が得られないのだ。

「先生、僕はあまり人に好かれないタイプなんですよ、どうしてなんでしょうね？」

心理学者などをやっていると、よく聞かれる質問である。

だが、答えは簡単。**声が悪いのである。**誰もが、**あなたの話し方に、これっぽっちも魅力を感じないから、あなたのことが好きになれない**んですよ、と私は教えてあげている。

だいたい会ってすぐに嫌われるような人は、たいてい声が悪い。もし声に問題がなければ、あとは愛嬌《あいきょう》のない顔をしていることが考えられるのだが、とにかく、声は重要である。

「あれれ、なんだかステキな人だなぁ……」と感じさせる人は、みな声が魅力的である。

心を奪《うば》う声というのが、ちゃんとあるのだ。

「じゃあ、どうすれば、いい声で話せるようになるんですか？」

だいたいこういう質問がつづくのだが、それについても答えは簡単。何が声の魅力を決定するのかについては、すでにロチェスター大学で行なわれた研究で明らかにされているので、私はそれを教えてあげることにしている。

声の魅力を決める要因は、大きく言えば、３つある。すなわち、

①明瞭《めいりょう》さ

②高さ

③鼻にかからないこと

である。

ひとつずつ説明していこう。

①明瞭に話す

「明瞭さ」とは、言葉がはっきり聞き取れるかどうかである。たとえば、「ありがとうございます」と口にするとき、「あり…とう…ござ…ます」としか聞こえない人は、明瞭さに欠ける。本人は口にしているのかもしれないが、他人によく聞こえない話し方は、概して悪く評価されがちなのでやめよう。

もし自分の話し方に、明瞭さが欠けるというのなら、**文章をいくつかの文節にわけて、ひとつひとつの単語と助詞を、はっきりと口に出す訓練をするとよい。**たとえば、今みなさんが読んでいるこの本を、声に出して読んでみるのもいい。

②低い声で話す

「高さ」とは、言うまでもなく声の高低である。魅力的な声のポイントは、なるべく低く抑えることである。イギリスのサッチャー元首相が、低い声を出すためにボイス・トレーニングに通っていたことは有名で、**低い声のほうが魅力的なのだ。**

カン高い声は、耳にキンキン響いて不快にさせる。小さな子がカン高い声で騒いでいて、親が怒るのはそのためである。若い女の子に特有の、カン高い嬌声《きようせい》もあまり好ましくはないから、もう少し落ち着いて話すクセをつけよう。

③鼻にかからないように話す

「鼻にかからないこと」というのは、文字どおり、口の中で、もごもごとくぐもったような話し方をやめなさいということである。**口を大きくあけて話すようにすれば、鼻にかからずに話せるようになる。**

以上の3つのポイントに気をつけながら話すようにすると、これまで好かれなかった人も、見違えるほどに好かれるようになる。ぜひお試しいただきたい。

▼婉曲《えんきょく》的な情報で、相手の考えを制限していけ

自分の思いどおりに相手を誘導する技術

あなたがビールメーカーの営業マンであるとして、居酒屋やレストランに、ビールをもっと置いてほしいとしよう。こんなときは、「お願いします、ビールをもっと仕入れてください」と頼むのは、直接的すぎるやり方だ。あなたが売り込みたがっていることは、店主にもわかるから、足元を見られてしまう。

うまく売り込みたいのなら、**ビールのことはおくびにも出さず、「赤ワインブームも、すっかり終わってしまいましたね」などと軽く切り出すのがいい。**そういう情報を相手に与えておくと、残る敵は、日本酒とウイスキーくらいになるから、勝負がラクになるのである。少なくとも店主の頭の中から、ワインという選択肢は減らせることになり、ビールの売り込みもうまくいくのではないかと思われる。

インチキな超能力者も、この作戦をよく使う。

たとえば、ある超能力者が、観客の一人に対して、白紙を手渡し、好きな図形を描き込

んでくださいね、と頼んだとする。そこで超能力者は言うのだ、**「好きな図形といっても、丸とか四角のような簡単なものはやめてくださいよ」**と。

この時点で、「丸と四角はダメ」という制限がつくのだから、普通の人が頭に思い浮かべる図形といえば、あとは三角形くらいしか残されていない。ごく普通の観客が、正十六角形などを瞬時に頭に思い浮かべることなど、通常は考えにくいからである。

こうやって超能力者は、あらかじめ**相手の考えに制限をつけて、自分の思いどおりの方向に観客を誘導していく**わけである。

ホンネを読まれずに上司を誘導する

もしあなたの上司が、下請《したう》けに出す仕事の割り振りに関して、A社か、B社か、C社かで迷っているとする。あなたとしては、親しくお付き合いしているA社に頼んでほしいとしよう。

こんなときには、**「B社さんもいいんですけど、仕事が雑ですからね」**とか**「C社さんもいいですが、時間にルーズなんですよね」という情報を意図的に流すのだ。**そういう制限条件をつけていけば、上司もA社に決めてくれる。なにせ**A社しか、選択が残らないように仕向ける**わけだから。あなたは、ホンネを読まれることなく、上司を誘導できる。

制限条件などの情報を意図的に操作し、相手を誘導していく方法を、「暗示的誘導」という。これは暗示による間接的な誘導法であって、直接的な説得よりも相手に気づかれにくいという特徴もある。

もしあなたが、「A社にしましょうよ。仕事を頼むなら、絶対にA社ですよ。それしかありませんよ」と直接的なアピールをすると、上司も、なぜあなたがA社をそんなに強く推《お》すのか、いぶかるであろう。そして、あなたがA社から賄賂《わいろ》をもらっているのではないかとか、接待を受けているのではないか、などと考えてしまうはずである。

ホンネを読ませず、さりげなく相手を誘導するときには、暗示するだけにとどめたほうがいい。そのほうが、かえって望みどおりの結果を得ることができるのだから。

▼頭がよく見える会話のテクニックは、話すことより「よく聞く」

ちぐはぐな会話はＩＱが低い

読者のみなさんは、〝相手に対応した会話〟ができているであろうか。おそらく、「できている」とお答えになると思う。しかし、本当にできているのだろうか。

Ｒ・Ｄ・レインは、『ひき裂かれた自己』（みすず書房）という著書の中で、多くの精神科医が、患者をまったく人間扱いしていないことを指摘し、患者のホンネに対応できていない会話の例をたくさん挙げている。

「先生、私はいつ退院できるのでしょうか？」

「やあ、○○さん、いい天気ですな」

これが、お互いにかみあっていない会話の例であるが、読者のみなさんはこんな感じの会話をしていないだろうか。もし、しているのだとしたら大変に危険である。**会話がかみあっていないと、あなたはその相手に嫌われるばかりでなく、愚《おろ》かな人間だと思われてしまうからだ。**

その裏づけとなるデータを紹介しておこう。ノースイースタン大学のN・マーフィ博士は、二人ずつをペアにして、5分間のおしゃべりをしてもらう一方、すべての人にIQテストを受けてもらった。そのおしゃべり場面をビデオに録画したものを、約400名の男女に見せ、それぞれの人物のIQを推測できるか試してみたのである。

すると、私たちは、しゃべっている人を見て、その人のIQをかなり正しく予測できることがわかった。**相手の言葉にきちんと対応した会話ができる人ほど、「あの人は、頭がよさそう」と評価され、しかもまた、そういう人は実際のIQも高いことがわかったのである。**会話がかみあうかどうかは、頭のよさの評価に、大きな影響を及ぼしていることが考えられるのだ。

国会の答弁を聞いていると、質問する側と、答える側の会話が、まったくかみあっていないことがあることに気づく。おそらくホンネを明かせないためであろうが、ちぐはぐな印象を受け、どちらも頭が悪そうに見える。

相手のホンネを正確につかもう。そうすれば、とんちんかんな会話をすることがなくなるし、「空気が読めないヤツ」といってバカにされることもなくなる。ダイエットをはじめたばかりと語る女性に対して、それじゃ今すぐに焼肉を食べに行こう、などと誘うこともなくなる。

最後まで聞く習慣をつけるだけでいい

会話のくいちがいをなくすための方法は、そんなに難しくない。

とにかく、相手自身に興味を持って、しっかりと話を聞いてあげればいいのである。

自分勝手な憶測をやめて、**最後まで話を聞いてあげれば、会話のくいちがいはずいぶん減らせるものなのだ。**

「僕は、今の会社に不満はないんだけど、少し前から転職を考えていて……」

「やめろ、やめろ。転職なんんか。次の仕事なんか、おいそれと見つかんねえぞ」

このように、相手の話をさえぎってしまうのは、会話の対応ができていないことの証拠である。この会話では、話を持ちかけた人物は、「今の会社に不満はない」と言いながら、じつは「不満を抱えている」のであって、本気で転職したいとは思っていないかもしれない。あるいは、ただ話を聞いてもらいたかったのかもしれない。ともかく、話を最後まで聞いてあげないと、相手のホンネに対応した会話はできなくなるので注意しよう。

▼会議中に「やる気」をアピールする方法

とにかく話せ

就職活動している学生を相手にした集団面接を行なうとき、集団で議題を決めて自由に話し合わせることがある。

たとえば、「日本の経済は今後どうなるのか？」というテーマを決めて、学生たちに自由に討論させるのである。そんなとき人事担当者が評価の対象とするのは、どれほど斬新な意見を述べることができたかではなく、単純に「誰が、どのくらいしゃべったのか」ということである。

議論に加わらず、まったく発言をしない応募者は、たいてい不採用になる。やる気が感じられないからである。反対に、多少、議論とはズレた発言をしていても、それでも一生懸命に発言しようとする人のほうを、人事担当者は採用する。やる気が感じられるからである。

学生は、それを知っているから、みんな一生懸命に発言する。「僕は」「私は」とかまびすしく討論する。その様子は、たとえは悪いかもしれないが、お腹をすかせたニワトリたちが、いっせいに餌箱に突進していく場面を連想させる。

その情熱を、なぜ社会人になっても維持しないのだろう。

学生の多くは、いったん会社に入ると、あまり発言しなくなってしまう。社内会議では、目立たないような位置に座って、一言も発せず、お人形のように固まってしまうのである。

「会社に入っちまえば、こっちのもんだ。面倒だから、発言なんかしないもんね」という意識に変わってしまうのだろうか。あるいは地位が上の人に気をつかっているのであろうか。どちらにしても、あまりよいことではないことは言うまでもない。

やる気のある人間だと思ってほしいなら、とにかく声を出すことだ。発言内容の斬新さとか、論理性とか、そういうものは、どうでもいいのだ。ほかの人に語らせるくらいなら、自分がその人の発言時間を奪ってやる、と思わないでどうするのだ。

あなたが会議で話せば話すほど、その発言が少しくらい的外《まとはず》れであっても、あなたの株はあがるものなのだ。

おしゃべりな人ほど意欲的に見える

カナダにあるヴィクトリア大学の心理学者ロバート・ギフォード博士は、新聞紙上で、研究アシスタントの期間アルバイトの募集をしたことがある。

そこで集まった人たちに採用面接を行なったのだが、その場面をこっそりビデオで撮影しておき、他の判定者に見せてみたところ、「たくさんしゃべっている応募者ほど、やる気が感じられる」という明白な結果が得られた。**おしゃべりな人ほど、意欲的に見えたのである。**

自分を意欲的に見せたいなら、とにかく語らなければダメだ。私などは、語ることがビジネスの本質であるとさえ思っている。思っていること、感じていることは、なんでも口に出さなければダメなのだ。

私が商談に出かけると、相手側が一人ということはあまりなく、だいたい二人から三人くらいの人が同席するのが普通である。しかし、同席した三人のなかには、まったくなんの発言もしない人が必ずいるのである。一時間でも、二時間でも、黙って座っているのである。彼は、何をしにやってきたのだろうか。

オリンピックなら、「参加することに意義がある」といえるのかもしれないが、**会議では、商談では、プレゼンでは、交流会では、「参加しただけでは、まったく意味がない」のである。**そのことを忘れてはいけない。

▼自分がわからないときには、相手に考えさせればいい
答えがわからなくても躊躇《ちゅうちょ》しないテクニック

「こうすればいいよ」と部下にアドバイスしたいのだが、うまく説明できないことは多い。なんとなく不甲斐《ふがい》なさを感じるのだが、どこをどう改めたらいいのか、自分でもよくわからないことがある。

仕事の多くは、「職人芸」に近いところがあって、言葉ではうまく語れないことが多いのだ。マニュアルとして文書化できないことのほうが、ひょっとすると多いかもしれない。

たとえば、部下が書いてくる報告書が、日本語としてはおかしくないのに、全体として、意味がよく飲み込めないことがある。

あるいは、部下が言いたいことは何となくわかるような気がするのだが、舌足らずすぎて、よく理解できない。ただ、どこをどんなふうに変えたらいいのか、あなた自身もよくわからないとする。

こんな場合に役立つ心理テクニックが、**あなた自身は「答え」を教えず、相手にそれを考えさせるというテクニックだ。**要するに、相手に答えを出させるように、答えを丸投げしてしまうのである。

こちらのほうが、てっとり早いし、あなたが「答え」などまったく持っていないことも、相手に隠しておける。

「会議での、資金調達に関するお前の提案なんだが、もう少しうまく説明できんか？　提案自体は魅力的だと思うんだが、あれじゃお偉いさんたちは、納得せんぞ」

「どうすればいいんですか？」

「それは自分で考えろよ。なんでも教えてもらえると思ったら、大間違いだぞ」

「はい、自分なりに考えてみます」

「そうだ！　その姿勢が大切なんだ。頑張れよ、応援してるからな」

「はい、ありがとうございます!!」

正直なところ、あなた自身、どうすればうまく説明できるかなど、知らない。しかし、さも「答え」を知っているかのように見せかけることは、とても大切である。先輩としての、上司としての威厳を保《たも》つためにも、ここは相手に考えさせるように仕向けたい。

現代人は、答えを与えられることに慣れ切ってしまっているが、部下には自分で考えさせることも重要である。**単純に答えをあげない上司のほうが、かえって好かれることもあるからだ。**

優秀なコンサルタントは「わからない」と絶対に言わない

南イリノイ大学のM・コマラジュ博士は、「考えるのが好き」「考えるのが楽しい」と答える学生ほど、学業意欲も高く、結果として、成績も高くなることを実証している。**考えさせるのは、部下のためでもある**のである。

優秀なコンサルタントは、自分が「答え」のわからない質問をクライアントから持ち出されたとしても、「わかりません」とは言わない。「どうすれば売上が伸びるのか、あなた自身はどう考えますか？」という具合に、相手に逆質問するような形で、逃げるのである。

もし部下が、自分なりに考えて、「答えらしきもの」をあなたに報告してきたとしよう。

そのときは、さもあなたが最初からわかっていたかのように同意してもいいし、あるいはそれも間違っているように思えるなら、**「もう少し考えてみろ」**と突き放せばいい。

「課長、わかりました。説明するときのコツは、結論を最初に持ってくるんですね」

「**そうだ。それが答えなんだよ。**お前の説明は、前置きが長すぎて、みんな退屈しちまうんだ。結論をさっさと切り出せば、みんな集中して、お前の話を聞くんだよ。**俺が教えていないのに、よく自分で気づいたな。**見どころあるぞ、お前」

「ありがとうございます。これからもよろしくご指導ください」

これであなたは部下の管理がずっとうまくなるはずだ。**自分で「答え」を知らないからといって、叱るのをためらってはいけない。**部下に考えさせれば、自分なりにけっこう答えを見つけてくれるものなのである。

▼仕事のチャンスを呼び込む口癖は「面白そうですね」

「できます」ではなく、「面白そうですね」

仕事を与えられたら、それがどんなに大変そうでも、目を輝かせて、「面白そうですね」と答えておこう。優秀な職人は、大変な注文をされたときこそ、燃えてくるというが、それを見習うわけである。好奇心たっぷりに、なんにでも挑戦してやる、という前向きな姿勢をアピールできる。

「お前、こういう仕事できるか？」と聞かれたときも、**できる・できないの話ではなく、とにかく面白そうだから、自分にまかせてみてくれ、と頼もう。**できないものを、できると答えると責任が発生してしまうが、「やりたい」という願望を伝えるのであれば、問題はないはずだ。仮に仕事がうまくいかなくとも、少なくとも前向きな姿勢は買ってもらえるものである。

好奇心を示せば、あなたは今の職務が楽しくて仕方がないという、アピールができる。そういう姿勢を見せていれば、会社側としても嬉しいし、リストラ候補にもあがらない。

上司にもかわいがられる存在になる。もちろん、「面白そうだから、やらせてくれ」と頼んだ後は、全力で取り組まなければならないが。

ニューヨーク大学のジョン・P・ウェイナス博士は、電話会社に雇用されたばかりの新人オペレーター80名を対象に、どういう人ほど、仕事を楽しんでいるのかを調べてみたことがある。どんな性格の人ほど、職務満足度が高いのかを知るための研究をしたのだ。

その結果、さまざまな仕事に自分から取り組み、なんにでもかかわっていく好奇心旺盛な人ほど、職務満足感が高いことが判明した。彼らは、性格的に、「なんにでも首を突っ込む」タイプだったのである。

頼まれごとは自分を磨く絶好のチャンス

どんな仕事も、いや、仕事に直結していないことでさえ、やってみるのはいい経験になる。結婚式のスピーチであろうが、接待でのお酌《しゃく》であろうが、頼まれたことはなんにでも首を突っ込んでいくと、それだけ自分のスキルを磨くことができる。つまり、**頼まれごとは自分を成長させる絶好のチャンス**なのであり、そういう姿勢を見せていたほうが、誰からも好ましく評価してもらえるのだ。絶好のチャンスを、みすみす逃すようなことがあってはならないのである。

面白そうな仕事を提案されたら、世界の果てまで喜んで飛び込んでいく好奇心を見せたい。たとえ火の中水の中であっても、**「そいつぁ、面白そうだ」**と言い残し、すぐに飛び出していくのだ。

そうすれば、あなたは会社への忠誠心も高く、職務満足度も高い人間としてのポジションを獲得できるであろう。私が経営者なら、そんな人材は、どこにも手放さないし、厚《あつ》く報《むく》いると思う。古今東西、どんな会社でも、素直な人のほうが好かれるのは間違いないことなのである。

第4章の

まとめ

◎お詫びは自信のある方法で

◎つまらない話を聞くときは、片っぱしからメモを取る

◎知っていることも「知らない」ように振舞え

◎人に好かれるためには、声をよくする！　3つのポイントで

◎相手を思いどおりにしたいなら「暗示的誘導」で制限していく

◎会議では、とにかく話す。
仕事では、「面白そうですね」を口癖にする

◎「わからない」ことは相手に考えさせればいい！

第5章

好かれる人は「ネガティブなホンネ」をこうして隠す

――「苦手意識」を見抜かれないテクニック

▼相手への悪感情を見抜かれない方法

嫌悪感情は必ずばれる

あなたが他人に対して悪感情を抱いているとしよう。あるいは悪い先入観でもいい。そういうものを持って、その人に会うと、**その感情は必ず相手に見抜かれてしまう。**「お前って、俺のこと嫌いなんじゃないか？」とは面と向かって聞き質《ただ》したりはしないかもしれないが、絶対にそう思っているはずである。

私たちは、自分が嫌われていることには敏感だ。ほんの少しの嫌悪でも、わかるものである。だから、あなたは**「悪感情」を持って、人に会うべきではない**のである。

あなたは、自分の感情をうまく隠せていると思っているであろう。ところが、おあいにくさま。相手は、あなたの感情など、すべてお見通しなのだ。ただ、それをはっきりと指摘しないだけなのである。あなたが、眉間《みけん》にシワを寄せているとか、乗り気でない返事をしていることから、相手はあなたが嫌っていることを感じとる。

自分を嫌う人間には、私たちは冷淡になる。そのため、もっとひどい仕打ちをあなたにしようとする。

では、どうすれば悪感情を抱いていることを見抜かれないかといえば、あなたがたとえ相手からこれまでに何度もひどいことをされたのだとしても、そういうものを**すっぱり忘れてあげることなのだ。水に流してあげるのだ。**そうすれば、悪感情をずっと抱きつづけることなく、変な態度をとることもなくなる。

相手のイヤなところは忘れろ

私たちは、ともすれば、相手のイヤなところばかりを覚えていたがる。メリーランド大学のジョン・ニューハゲン助教授（専門はジャーナリズム学）も、そのような傾向が人間に備わっていることを確認している。**悪い感情を抱かせられた出来事は、なかなか忘れられるものではない。**

しかし、それでも忘れてあげるのが正しい。相手が自動販売機のジュースを買う小銭がなくて、あなたが１２０円を貸したとしよう。ところが、相手はあなたからお金を借りたことを忘れている。しかし、たとえ返してくれなくとも許してあげるべきであるし、お酒に酔ってあなたにからんできたことも、忘れてあげたほうがいい。イヤな出来事は、すべて忘れたほうがいいのだ。なぜなら、そのほうが自分のためだからである。**相手のためではない。自分のために忘れてあげるのだ。**

相手のイヤなところを、あなたが忘れてあげれば、次に会うときには、普通に冷静な対応ができる。悪感情が少しも残っていなければ、笑顔のひとつも見せることができるだろう。悪感情を抱いていると、ニセモノの笑顔しか見せられないが、相手のひどい仕打ちを忘れていれば、ホンモノの笑顔を見せることも難しくない。

だいたい相手のした悪いことだけを覚えているようでは、人間としての器が小さい。悪いことはすっぱり忘れれば、悪感情が見抜かれるおそれもなくなるわけだし、相手との付き合いもスムーズになる。将来的なことを考えれば、そのほうがずっといいに決まっている。

▼嫌いな人にこそ、名前を呼びかけて話そう

「嫌い」を見抜かれてはならない

読者のみなさんは、職場に嫌いな人がいるだろうか。

お客さんの中に、嫌いな人がまじっていないだろうか。

「私には、嫌いな人なんて、いません！」と瞬時に答えた人は、偽善者である。人間として生きていれば、虫の好かない人の、一人や二人は必ずいるはずなのであって、そのほうが健全なのだ。

嫌いな人がいてもいい。**嫌いな人がいるのは、人間として自然である。しかし、そういう感情を相手に見抜かれてはならない。**人間は、誰しもみんなから好かれたいのであって、嫌われたくないと思っているからである。「俺さ、お前のこと、大嫌いなんだよ」と言われて喜ぶ人はいないのである。

今回は、「嫌い」という生理反応を、いかにして隠せばいいか、という問題について考えてみよう。

いろいろと考えてみたのだが、やっぱり一番いいのは、**その人の名前を呼びかけてあげることであろう。**たとえば、挨拶ひとつとってみても、「いつもお世話になってます」ではなく、**「○○さん、いつもお世話になってます」というように、相手の名前をいちいち挿入するようにする**のだ。

そんなことをして何になるのかと、思うであろう。しかし、やる価値は大いにあるのだ。なぜなら、相手の名前を呼んであげれば、あなたが嫌っていることは絶対に気づかないし、相手も自分の名前を呼ばれて、嬉しいからだ。

名前を呼び合うカップルは別れない

カリフォルニア大学のチャールズ・キング博士は、55組のカップルを調査し、相手のことを、名前で呼んであげる（あるいは相手が自分の名前を呼んでくれる）カップルは、5カ月後に再調査したとき、別れていた確率が13％くらいと低かったのに対し、**名前を全然呼び合わないカップルの86％が破局を迎えていたというの**である。

名前を呼び合うというのは、人間関係の維持に役立つ魔法のテクニックなのだ。

どんなに嫌いな相手でも、「名前を呼んであげる」くらいなら、誰でもできるはずだ。「名前を呼ぶのさえ、嫌悪する」というのなら、それはもうどうしようもない。その人と縁を切って、二度と会わないようにすればいい。

しかし、それほどのレベルでなく、ただなんとなくイヤだな、という程度なのであれば、相手の名前を挿入して会話するくらいは、なんとか我慢できるのではないか。そして、それが我慢できるのなら、あなたとその人の関係はまだ見込みがあるのだ。諦《あきら》めずに、何度も名前を呼んでほしい。そのうち、相手に対する嫌悪の感情が、少しずつ減るはずだ。

▼退屈な席でこそ、たくさん食べろ
楽しいとき、人は普段の280%も多く飲み食いする

私は、普段、一日一食しか食べない。午後4時に食べてオシマイである。学生の頃からそうしていたので、そしてそれが自分のペースにあっていると思うので、今もそうしているのである。「よく、体が持ちますね」と言われるが、単に慣れただけである。タイの僧侶たちも昼食だけだそうであるから、単に習慣の問題であろう。

とはいえ、人と会う仕事をしていると、ランチやディナーに誘われることも少なくない。少なくない、というよりは、むしろ多いかもしれない。たいていはうまく遠慮しながら逃げるのであるが、それでも避けきれないことがある。

もちろん、私も一日一食を絶対的なルールとして守っているわけではないので、食べるときにはむしゃむしゃ食べる。夕食に誘われたときには、ビールもがぶがぶ飲む。どうせなら、そのほうがいいからである。

読者のみなさんも、仕事がらみで食事をしたり、お酒を飲むときには、たらふく食べる

のがいい。とりわけ、嫌いな人と一緒のときや、あまり乗り気でないときほど、そうするのだ。

箸《はし》をあまり動かさないと、あなたのホンネがばれてしまう。あなたが楽しんでいないことや、さっさと帰りたがっていることが、相手に見えてしまうのだ。相手に気まずい思いをさせてしまうのだ。

だから、陽気に箸を動かし、**「やっぱり、おいしいなぁ。一緒に食べる人によって、食べ物の味も変わっちゃうというからなぁ」と喜びの声を出し、せっかく誘ってくれた相手のメンツを潰《つぶ》さないようにするのである。**そうしてあげれば、あなたは気分のいい男としての株を高める。

カリフォルニア大学のピョートル・ウィンケルマン博士によると、**人は楽しいときに、普段より280%も多く、飲み食いする**そうであるから、むしゃむしゃ食べていれば、相手もあなたが楽しい気分にあるのだろうと思ってくれるのだ。

しかし、何を勧《すす》められても、「いえ、けっこうです」とやっていたり、食が細かったりすると、あなたは胃が弱いイメージに見られてしまう。それでは悪い印象を与えかねない。

豪快で、大胆な男は、胃が強いのが相場である。そういうイメージを与えるためにも、がつがつ食べたい。

交流会などのパーティーにおいて、あまり食事をとらない人もいるが、そういう人の周囲には、あまり人が寄ってこない。なんとなく神経質そうな雰囲気を漂《ただよ》わせているからである。私も自分からはそういう人のそばにいかない。

私は、最近でこそ、各種の催しや会合に出かけることは控《ひか》えているが、出席するときには、元気に食べたり、飲んだりする。すると、「いやぁ、お若い」と言いながら話しかけてくれる人がたくさんいるのだ。

どんなに気分が滅入《めい》っていようが、食欲などなかろうが、それでもむしゃむしゃ食べられる人ほど、楽しくて、何も悩みごとがないような人物であると思ってもらえるし、ウケもよくなるのである。

▼人付き合いをよくしたいなら、見逃せ
部下は、多少のことを見逃す上司に安心する

「水清ければ、魚棲《す》まず」という言葉がある。少しくらい水が濁《にご》っているくらいのほうが、魚は暮らしやすい。人間も同じようなものだ、という教えである。

品行方正《ひんこうほうせい》で、正直なのはまことにけっこうなのだが、その度合いが過ぎると、付き合いにくい人間になってしまうので注意しよう。

たとえば、部下が、外回りの途中で喫茶店に立ち寄り、ビールを飲んでいたとしよう。その姿を、お客さんのひとりに見られていて、上司であるあなたに指摘してくれたとする。あなたの会社では、勤務時間中の飲酒は、当然ながら禁止されている。

さて、みなさんなら、どのように対応するだろうか。私なら、たぶん次のように諭《さと》しておしまいにするであろう。

「お前が、昼間、ビールを飲んでいたことを教えてくれた人がいてな。まぁ、これだけ暑けりゃ仕方ない。ビールを飲むのはいいけど、せめてその姿を誰にも見られないようにしろよ。裏通りのお店とか、他のお客さんの少ないお店で飲むとかさ。まぁ、今後は気をつけろよ」

あるいは、まったく何も言わず、放っておくかもしれない。**部下というのは、上司が、少しは見逃したり、聞き逃したりしてくれたほうが安心するのだ。**堅苦しくて、杓子定規《しゃくしじょうぎ》な対応をしていたら、部下になじんでもらえないのだ。

「ルールはルールとして守りましょう」という態度には、素直に頭が下がるが、人間というのは、きれいごとだけでは動かないのだ。ルールでは勤務時間中の飲酒が禁止されていても、「たまには飲んじゃおうぜ」と部下に誘いかけるくらいの上司のほうが、なじんでもらえるのである。一緒に悪いことをすれば、妙な共犯者意識が芽生えて、もっと仲良くなれるものなのだ。

ホンネというか、道徳意識としては、ルールを守るべきなのであろうが、ごくたまにというか、破っても問題がなさそうなルールに関しては、破っても許されるのではないか。

それくらいなら、神様も怒らないのではないか。

ルール違反を注意しても効果はわずか3割

ジョージタウン大学のマルシア・ミセリ教授（経営学）は、役所に勤める1万3000人を匿名で調査し、社内に不正、不道徳、ルール違反を発見したときに、どれくらい勇気を持って止めるかを調べてみた。もともとそういう勇気のある人は少なく、しかも、**止めに入ったところで、「効果があった」と答えたのはわずか31%であった。**注意しても、あまり効果などないのである。

どうせ注意してみても、「小うるさいヤツだな」と思われるだけである。たとえそれが正しいことでも、「あなたの言うとおりだ。私が悪かった。このとおりだ、許してくれ」ということにはならないのである。効果がないことは、やらないほうがいい。

私が、たとえば部下が決められた場所以外で喫煙しているのを見つけたら、「お前は、ルールを守れないのか！　すぐにタバコを消せ！」などと非難することはせず、**「おお、いい場所を見つけたな。ここなら誰にもばれないもんな。俺もここでタバコを吸っちゃお**

うっと」と言うと思う。そんなことで、上司としての威厳《いげん》が損《そこ》なわれることはないし、たまにはこういう人間臭い姿をアピールしておくのも、決して悪くはないのだ。

▼冗談を言って、できる人、好かれる人になる

〔冗談は、余裕と親近感をアピール

だいたい**心理的に萎縮《いしゅく》しがちで、精神的に弱い人は、あまり冗談を話さない。**普通に話すことで精いっぱいになってしまい、ジョークを飛ばす余裕がないのであろう。セミナー講師でも、ある程度のベテランになってくると、軽い冗談を飛ばしたりして参加者をリラックスさせることができるが、新人のセミナー講師は、自分の用意した資料や原稿を読み上げるので精いっぱいである。そういう堅苦しい講義は、たいてい面白くもないし、その講師に親しみも感じない。

〔冗談を言えることとは、「ほら、僕は、こんなに精神的にリラックスしているんだよ」というニュアンスを相手に伝える。少なくとも、ガチガチに緊張しているようには見えない。だからこそ、余裕たっぷりに見せるためにも、適当なタイミングで冗談を言ったほうがいいのである。

もちろん、読者のみなさんは今から噺家《はなしか》を目指すわけでもないのだから、くだらない軽《かる》

口《くち》が言えれば十分である。そんなに凝《こ》ったネタを話せなくてもかまわない。ダジャレでもよい。とにかく冗談を言うことが重要なのであって、それが面白いか、面白くないのかというのは、あまり問題にならない（もちろん面白いほうがいいに決まっているが）。

とにかく、相手が思わずふき出すようなネタを話してみよう。**相手を笑わせることができれば、あなたは気さくな人なんだ、近寄りやすい人なんだ、というイメージを与えることに成功したということである。**あなたが軽いお話をして、相手からのツッコミが返ってくるようなら、さらに親しくなれるチャンスでもある。


「この前、息子の運動会に行ったら、おかしいのなんのって、うちの子以外は、みんなリズムを間違えてるんですよ」

「アハハ、それは、〇〇さんの子どものほうが、間違えているんですって！」

「あっ、そうか！　そう言われりゃ、そうですね」

これが軽い冗談である。

「課長、そのネクタイいいですね、5歳は若く見えますよ」

「ありがとう。それじゃ、ネクタイをとると、5歳は老《ふ》けて見えるってことだね」

　これも軽い冗談である。

　こういう軽妙な会話を通して、人間関係は親密になっていくものなのだ。**「あなたといると緊張しないので、こんな冗談も言えるんです」という無言のアピールができるので、どんどん親しくなれる**のである。

　パーデュ大学のウェイン・デッカー博士は、職場のユーモアに関する論文を発表しており、職場のユーモアは、人間関係を円満に、円滑《えんかつ》にするのに非常に役立つという考察を行なっている。人間関係の基本は、冗談を言い合える関係づくりにあるといえるだろう。

　結局のところ、冗談を言えるというのは、

①精神的に余裕があるように見える
②会話が面白くなるのでお互いにもっと仲良くなれる

という2つの大きな利点があるわけである。これは大きなメリットだ。

できる人は、1時間に最低1回は笑わせる

私は、いろいろな本の中で指摘しているのだが、**1時間も相手としゃべっていて、1回も相手を笑わせることができない人は、たいてい仕事がうまくない。**というより、仕事ができない人に多い。

相手を笑わせることができる人は、それだけホスピタリティ精神というか、サービス精神にあふれた人であり、相手を退屈させないように気を配るという点では共感能力の高い社交的な人でもある。そういう人のほうが、ぐんぐん出世するし、仕事も成功するのは当然だといえよう。

▼セミナーや講演では「前のほう」に座れ
2、3列目に座れば、サボってもばれない

私は、そんなに数は多くないが、講演に呼ばれることがある。私のような人間の話などを聞いても仕事上の益があるとも思えないのだが、呼ばれれば気軽に出かけていく。講演というのは名目であって、本当は、旅行を楽しむために出かけるようなものである。もちろん、そんなことは主催者には話さないが。

さて、講演をやっているとすぐにわかるのだが、だいたい会場の後ろのほうに座っている参加者は、真剣に聞こうとはしていない。質問もしてこないし、何のために来ているのか、よくわからない。おそらく会社から命じられて、しぶしぶ私の話を聞きにきたのであろう。ごくろうなことである。

後ろのほうに座っている参加者は、パソコンで何か別の作業をしているようであるし、自分が持ち込んだ書類を読んでいるようでもある。正直なところ、不快で仕方がない。わざわざ講演者の私を不愉快にさせるくらいなら、最初から出席しないほうがずっといい。

後ろの席というのは、自分たちは見えないと思っているのかもしれないが、かえって目立つのである。

もし出席したくもないセミナーや講演中、自分の仕事でもしてサボりたいのなら、前列のほうに座ったほうがいい。さすがに一番前は、講演者と目が合いやすいので、できれば2列目か、3列目がよい。そのあたりの席に座っていれば、あまり目立つことなく、自分の作業をしていても、講演者を不快にさせないので許される。

しかも、前列のほうに座っていると、自分の作業をしつつも、講演者の話も耳に入ってくるから、もし講演者がためになる話をしているときには、自分の作業の手を休めて、本当に講演を聞いてもよい。

印象も、頭もよく見える

教室の後ろに座るのは、だいたい頭の悪い人間と相場が決まっている。

コーネル大学のフランクリン・ベッカー博士も、クラスの「横」や「後ろ」に座る学生ほど、学業成績は悪いことを確認している。**成績のいい学生は、「前」のほうに座るもの**

なのだ。

また、ピッツバーグ大学のリチャード・モレランド博士は、サクラの女性を、心理学のクラスの一番前に座って講義を受けるように頼んでみると、その女性は、他の生徒から大変に好かれた、という報告を行なっている。**前のほうに座っていると、周囲のウケもよくなる**という証拠である。

私も、冗談っぽく、「サボりたいなら、前のほうの席ですよ。後ろのほうに座っていると、かえって目立つんですよ。僕は厳しい講師ですから、もし後ろの席でサボっていたり、居眠りしていたら、本気で怒りますよ。前に座ってサボっているぶんには、怒りませんけどね」と教えることがある。

ちなみに、大勢の人が参加する会議においても、後ろのほうに座ろうとするよりは、なるべく前に出てきて座ったほうがいい。後ろのほうで、隣の人とおしゃべりしていると、不真面目《ふまじめ》であることがばれてしまうからだ。前のほうに座っていれば、おしゃべりしていても、何か大切なことを語っているかのように思わせることができるのとは、正反対である。

セミナーにしろ、会議にしろ、席を選ぶときには、なるべく「前のほう」が正解である。そのほうが、自分が乗り気であるというアピールになるし、前のほうの席に座っていたほうが、実際はずいぶんサボれるのである。

▼追い込まれたときほど、平然と仕事をしろ

「忙しい」を連発すると無能に見える

人に会うと、いつでも「忙しい」を連発する人がいる。しかし、**誰かれかまわず「忙しい」を連発していると、「この人は、仕事のダンドリが下手なのかな」とか「仕事ができない人なのかな」と見抜かれてしまうので注意しよう。**

どんなに仕事に追いまくられ、窒息《ちっそく》しそうな状態にあっても、うわべだけでは冷静さを保ちたい。**口が裂《さ》けても、「忙しい」などと言ってはいけない。**余裕たっぷりに、**「貧乏暇なしです。忙しくさせていただいて、ありがたいことです」**と口にするのならいいのだが、もしそうでないのなら金輪際《こんりんざい》使わないほうがいいのが、「忙しい」という言葉だ。

だいたい**仕事が忙しいと言っている人間に限って、本当に無能な人が多い。**有能な人は、どんなに時間がなくとも、それなりに仕事をこなす。仕事をこなせることを自分でも知っているから、決して弱音を吐かないのである。

「武士は食わねど高楊枝《たかようじ》」というのは、お腹《なか》がすいてどうしようもなくとも、情けない姿

を他人に見せるなという、ありがたい教えである。この姿勢は、現代のサラリーマンも見習いたい。

私も、それなりに忙しく、締切に追いまくられながら内心はヒヤヒヤして原稿を書いているが、「高楊枝」の精神は忘れない。ひと月に何日かは、必ずといってよいほど身もだえしながら、「うまく文章が書けねえよぉ～」と床の上を転げまわっているが、そんな姿は嫁さんくらいにしか見せない。

いざ原稿ができると、余裕たっぷりに編集者に渡す。泣き言はひとつも言わず、まだまだ余力が残っているというところを見せないと、仕事をまわしてくれなくなるおそれもあるのだ。

「忙しい」を連発していると、「そんなに忙しいのなら、それ以上の仕事をこなすのはムリだよね」と相手に判断されてしまい、せっかくのチャンスをみすみす棒に振ってしまうこともある。余力がありあまっていて、そのエネルギーをもっとぶつけたいんですよ、とアピールするからこそ、新しい仕事がどんどんやってくるのだ。

プレッシャーを感じたら「かえってやる気が出た」と言う

コロンビア大学の組織心理学者アンジェラ・チュウ博士は、仕事に追いまくられていても、プレッシャーに押しつぶされず、逆にプレッシャーをやる気に転化させることができる人ほど、自信がつくと指摘している。

プレッシャーを感じたときは、「忙しくて、ダメだ」ではなく、「かえってやる気が出てきた」と口にしたほうがいい。そのほうが自分に自信が持てるようになるし、他人からもよく見てもらえる。

私は今、とんでもなく忙しいのだが、ある出版社からの依頼で、辞書を編纂《へんさん》する作業を行なっている。辞書を作るのははじめてであるが、３カ月以内に形にしなければならない。そういう、やりがいのある仕事をまわしてくれる人がいるのも、「内藤先生なら、やる気がありあまっているから、絶対に形にしてくれる！」と評価されているからであろう。著者冥利《みょうり》に尽きるというものである。

忙しいときに、「忙しい」と弱音を吐くと、精神的にもイヤな気分になっていき、楽しく仕事ができようはずがない。しかもまた、自信も失っていく。**忙しくてプレッシャーを感じたときには、「俺には、うまく間に合わせる力があるんだから大丈夫」と余裕を持つことが大事なのだ。**

▼「忙しそう」をアピールすれば、厄介事《やっかいごと》は防げる
時には、机の上に書類を積み上げる

今しがた、「忙しい」と言うなとアドバイスしたばかりで恐縮なのだが、まったく逆のアドバイスをさせてもらう。それは、**忙しそうなアピールをするという作戦**だ。あなたがヒマそうにしていると、先輩や上司が、厄介《やっかい》な仕事をどんどん持ち込んでくる。それを予防するために、忙しそうにしていろ、ということである。

長野慶太《ながのけいた》さんが、その著書『部下は育てるな！　取り替えろ!!』（光文社）で語っているところによると、長野さんがまだ新人の銀行マンだった頃、机の上をきれいに整理整頓していたそうだ。仕事の能率をあげるためである。

しかし、机をきれいにしておくと、みんなからは「ヒマなんだろ？」と思われたそうで、先輩などから仕事をじゃんじゃん持ち込まれて、結果として、自分の仕事のほうは非効率になってしまったという。

そこで反省した長野さんは、たくさんの資料を机に積み上げて、いかにも仕事がたまっ

ていて、てんてこ舞いなんですよ、というアピールをしたという。

机の上を意図的に乱雑にしておくと、あなたが何かの仕事にかかりっきりになってて、殺人的に忙しいことが、周囲の人にもわかる。そのため、つまらない頼みごとをしてこなくなるのである。

先ほど、「忙しい」という言葉を連発していると、クライアントから仕事がまわってこなくなるぞ、とアドバイスしたが、**うんざりするほど仕事がまわってくる人は、意図的に「忙しい」を連発したほうがいいのである。**そうすれば、つまらない仕事がまわってこなくなり、むしろ高級な仕事がまわってくるようになるからだ。

ニューメキシコ州立大学のケリー・ティアン博士は、あるハイテク企業の従業員について調べ、その人のデスクは、その人自身について雄弁に物語ることを発見した。デスクの上に資料が積み上げられていれば、それはそのまま、その人自身が忙しいことを物語ってくれるのである。

「忙しさアピール」は状況に応じて使い分ける

上司から、「今、ちょっといい?」と話しかけられても、あなたがうずたかく積まれた資料の中から、ぴょこんと顔をあげれば、上司もムリな頼みごとなどできようはずがない。なにせ、あなたが忙しいことは一目瞭然《いちもくりょうぜん》なのだから。つまり、デスクをわざと散らかしておくことは、厄介事を遠ざける効果があるわけである。

私は、普段は絶対に「忙しい」という言葉は口に出さないのであるが、「なんだか引き受けたくないな……」という仕事が持ち込まれたときには、忙しさをアピールして断わってしまうことが多い。とくに、時間的に厳しいものは、すべて断わる。

電話でコメントを求められたり、2日以内に原稿を書いてほしいとか、あまりにもせかしている仕事は、片っぱしから、「今、忙しいんだよね」で断わってしまう。何度か断わっていると、急ぎの仕事はまわってこなくなった。ありがたいことである。

忙しさをアピールするか、それともしないのかは、状況に応じて使い分けなければならない。上手に使い分けることで、自分に持ち込まれる仕事量を調整できるようになれれば、一人前である。

▼「鋭さ」をアピールしたいなら、新聞は読むな
マイナーな情報を仕込めば知的に見える

誰もが知っている情報には、何の価値もない。情報というのは、自分一人が独占しているものほど、その情報の価値が高いのであって、猫も杓子も知っているようなことを知っていても、何の自慢にもなりはしないのだ。

凡庸な人間だと思われたくないのなら、ビジネスマンがみんな読んでいるような新聞を読むのをやめることだ。

誰もが定期購読している大新聞は、はっきり言って読む必要がない。同じ理由で、誰もが見ているテレビ番組を見る必要はないし、有名すぎる雑誌も読む必要はない。どうせそんなところで仕入れた情報は、情報そのものの価値が低すぎて、いくら持っていても自慢にならない。ゴミは、いくら抱えていても、ゴミである。

イスラエル北西部にあるハイファァ大学のY・ツファティ博士が2000名以上の人のデータから、**懐疑的な人ほど、主流のメディアのニュースを見ない**ことを発見した。彼ら

は、好んでマイナーなニュースに接触していたのである。健全な意味で、疑いの心を持っている人は、あまりに主流のニュースは、かえって敬遠するものらしい。

「僕は、○○新聞だけは読まないんですよね」
「僕は、あまり有名すぎるものは生理的に嫌いなんですよね」

この一言だけで、あなたは健全な批判能力を有していて、物事を疑う力があるように見える。そう見せかけることが可能である。**「おっ、この人は、なんだかすごく頭が切れそうな人だな」と思わせる人は、メジャーな情報を嫌うのだ。**

なぜそんなことを断言できるかといえば、私自身がそれを実践しているからだ。私は、新聞をまったく読まない。ホテルに泊まったときに、朝になると新聞が配られてくるので、もったいないからパラパラと眺《なが》める程度である。

一日に何紙もの新聞を購読している人もいるそうだが、私にはどうしてそんなことをするのか、よくわからない。主流の新聞は、どれもこれも似たり寄ったりである。そんなものを何紙も読んでいても、「あの人は鋭い」とか「切れ者」という評判はいつになっても得ることはできない。

ジョン・スチュアート・ミルは、「最近、5000人ものイギリス人が、毎朝紅茶を飲みながら同じ新聞を読んでいる。何と不気味な光景であることか。人間の個性はどうなるのか」と本気で心配していた。

ミルは、5000人が同じ新聞を読んでいることに不気味さを感じたが、今の日本は、その何千倍もの人が同じ新聞を読んでいる。私も、不気味である。

私は何も、すべての新聞を否定するわけではなく、誰もが読まないような人気のない新聞や、見過ごしそうな記事を好んで読むのはかまわないと思っている。書籍に関してもそうで、みんなが手にするようなベストセラーより、古本屋で埃《ほこり》をかぶっているようなもののほうがいい。

マイナーな情報を仕込んでおくと、頭がそれほどよくなくとも、「なんとなく知的」に見えるから不思議である。他人にバカにされたくないのなら、誰もが知らない情報を仕入れよう。みんなが読んでいるものを、いくら読んでみたところで、差をつけることは絶対にできないのだから。

▼知られたくないことを隠す視線テクニック

私たちは、他人が見ているものを見てしまう

私たちは、他の人が見ているものを無意識的に目で追ってしまうという傾向がある。

この現象を、「ジョイント・アテンション」という。

たとえば、誰かが上を向いてビルの屋上を眺めていれば、何があるのだろうかと思って、他の人もつられて見てしまうのだ。

テレビドラマにおいて、犯人が、ちらっ、ちらっ、と戸棚に目をやっていると、刑事もそれに気がつく。そんなことをしていたら、腕利《き》きの刑事でなくとも、その戸棚の中に、何か重要な事件の手がかりが隠されているんじゃないか、と疑うのは当然だ。

もし犯人が、素知らぬふりをして、壁の絵でも眺めていれば、刑事も、つられて壁の絵を見るので、ごまかすことができるのにそうしないのである。テレビのドラマは、それでいいのかもしれないが、現実にはそれでは困ってしまう。

こうした人間の心理を知っておくと、あまり相手に見てほしくないものを上手に隠すこ

とが可能である。

違う方向に視線を向けろ

たとえば、あなたのデスクの上が、とんでもなく散らかっているとしよう。そのとき、普段はその部署にやってこないような重役やお得意様がやってきて、あなたに話しかけてきたとする。

もしあなたが、汚いデスクを見られるのがイヤで気恥ずかしく、ちらっ、ちらっ、と自分の机を眺めると、相手もつられて、あなたのゴミ箱のような机の上を見てしまうであろう。そして、「なんだか汚いヤツ」とあなたのイメージを悪くするであろう。

こんなときは、自分の机のほうに一切目をやらず、むしろ違うところを眺めるようにするのがコツだ。オフィスに活《い》けられた花を見るのもいいし、外の風景に目をやるのもいい。とにかく、そちらを集中して見るようにすれば、相手も無意識にあなたの視線の先を追うので、結果として、汚い机からは目をそらさせることができるわけだ。

イギリスにあるウェールズ大学のアンドリュー・ベイリス博士は、写真のモデルが右を向いていると、その写真を見た人もつられて右を向き、モデルが左を向いていると、それを見た人もやはり左を向いてしまうことを実験的に検証している。

この現象は、かなり強く見られるようで、24人中22人に見られたそうである。「他人の視線につられて、その方向を見てしまう」というのは、かなり強い人間の傾向なのだ。

手品師は、杖《つえ》の先などをじっと見つめることで、観客の視線をそちらに向けさせる。その間に、空《あ》いているほうの手で、ごそごそとトリックを行なうのである。もし、**手品師の視線につられなければ、わりと簡単にタネは見抜けるものである。**

あなたが二日つづけて同じネクタイをしていても、そのネクタイを指で触ったり、下を向いて眺めたりしなければ、おいそれとはばれない。指でもてあそんだり、自分がチラチラと眺めるから、相手もようやく気がつくのであって、そうしなければ、よほど観察眼のある人間でなければ、昨日のネクタイの柄などは、よく覚えていないものである。

もし、自分が二日つづけて同じネクタイをしていることに気づいてほしくないのなら、自分のネクタイから注意をそらさせるためにも、窓の外でも眺めつつ、「あんなところに大きな煙突があるんですねえ」などと、違う方向に視線を向けさせてしまうのがよいだろう。

▼「見苦しいこと」は隠れてやれ
タバコは人前で吸わないほうがいい

食事が終わったところで、お茶でくちゅくちゅとマウス・ウォッシュする人がいる。お茶をくちゅくちゅさせるのは、お茶碗でお茶を飲むのと同じおばあちゃんの知恵。歯にこびりついた食べ物を、きれいに取り去ってくれるし、虫歯予防にもなる。

しかし、人前でやるのはどうなのか。

とりわけ仕事がらみの人と会うときにやるのは、どうなのか。

もちろん、それはやってはならないことである。どれほど合理性があっても、人前でやってはいけない。私などは、職場や打ち合わせの会食などでは、爪楊枝《つまようじ》を使って、歯をシーシーすることでさえ、やってはいけないと思っている。

どうしてもやるのなら、トイレの個室など、**誰にも見えないところで隠れてこっそりやるべきだろう。**

じつのところ、私も食事をすると、お茶でくちゅくちゅとやりたいタイプである。本当は、死ぬほどやりたい。自分一人だけで食事をしているなら、食後は、「お茶をください」と注文し、満足するまで口をくちゅくちゅさせる。

けれども、人と一緒に食事をするときには、我慢する。相手に気づかれない程度に、ゆっくりと口のなかでお茶を転がすように飲むだけである。そんなところで自分を悪く評価されてはかなわないからである。

他の本でも書いたのだが、私は、人前ではタバコを吸わない。なぜかというと、**タバコをくゆらせている姿は、なんとも気だるそうで、見苦しいからである。**見苦しい姿を、他人様に見せたくないから、なるべく隠す。よほど相手に気を許していれば別であるが、基本的には隠す。

ミシシッピ州立大学のロバート・モーア博士も、タバコを吸うかどうかによって、同一人物でも評価がガラリと変わることを実験的に確認している。**「タバコを吸う」ということだけで、全般的に、その人の評価が下がってしまう**のだ。

近所の目を意識しているか?

「他人の目なんて、どうでもいい」

そうなったら、人間はオシマイだ。近所の目など、まったく気にしなくなって、ぶくぶく太り、何日も同じジャージを着て買い物にでかける主婦になってはいけない。職場なのに、平気で鼻毛抜きをするおじさんになってはいけない。近くに買い物にいくときでさえ、最低限の身なりは整えるべきであるし、鼻毛を抜くのは、誰もいないところでやるべきなのである。

見苦しいことをしなくなるだけでも、あなたの評価は、確実に、一段上がる。自分が他人を見ていて不快な姿は、マネしてはいけない。反面教師として、自分は絶対にやらないという強い意志を持とう。

もちろん、四六時中、堅苦しい人間でいなければならないなどと言っているのではない。パンツ一枚のだらしない姿でくつろいでもいい。それは、自宅にいるときだ。あるいは、自分一人で行きつけのお店で飲んでいるときだ。自宅ならば、あるいは、自分のお気に入りの隠れ家なのであれば、誰にも迷惑はかけない。そういう安心できる避難所においてのみ、自分を思いっきり解放すればいいのだ。

第5章の

まとめ

◎嫌いな人には、「イヤなところを忘れる」「名前を呼ぶ」で接する

◎苦手な席こそ、たらふく飲み食いせよ

◎余裕を見せたかったら冗談を言う

◎セミナーでは前のほうに座る

◎「忙しさ」を見せるのは、状況しだい

◎隠したいものがあるときは、視線でごまかせ

◎見苦しいことは隠れてこっそりやる

あとがき

私は、胡散臭《うさんくさ》い話が大好きである。「本当に、そんなことをして、いいのかな？」と首をかしげてしまうような話が好きである。これは私の性格が影響しているのだと思うが、マジメに、素朴に、「とにかく頑張れば、いいことがあるんだよ」的なビジネス本より、少々胡散臭い本のほうが読んでいて楽しい。

そのためかどうかはわからないが、今回の本も、胡散臭さが漂《ただよ》っている。これは私の本のすべてに言えるのかもしれないが、本書は、とりわけ胡散臭い。

しかし世の中というのは、不思議によくできているもので、そんな私の与太《よた》話を好んでくれる読者がチラホラいるのである。しかも驚くことに、最近、そういう読者が増えているのである。これはとてもありがたいことである。

かつては講演会に呼ばれても、「僕なんかの話を、みなさん聞きたがりますかね？」と主催者にくどいほど尋ねたりして困らせていたが、最近は、「先生のファンです！」と握手を求められることも増えた。サインを求められることもある。ファンになるのなら、もっと他に有名な人たちがいくらでもいるのに、なぜよりにもよって、私などのファンになるのか、こちらが心配してしまうほどだ。

話は変わるが、私は、これまでの人生の中でサラリーマンとして働いた経験が一日たりとてない。出発点からして、フリーであった。その点を指摘し、「お前には、サラリーマンの経験がないんだから、胡散臭いんだ。偉そうに本なんか書くな！」とお叱りを受けたことがある。

けれども、フリーというのは、サラリーマンより大変なのである。事実、サラリーマンから独立して仕事を開始した人たちは、みな口をそろえて、「サラリーマン時代のほうが、何倍もラクでしたよ」と言うではないか。フリーで生き抜いていくのは、きわめて大変なことなのであり、余人には計り知れない苦労があるのだ。

私は、サラリーマンとしての経験はないが、それでもフリーで生き抜いてきたという実績があり、そのためのノウハウを持ち合わせているつもりだ。

たしかに、私の話には、他の人たちがあまり語らない「盲点」のようなものが多いが、それでも軽視したり、無視してはならないことだとも思っている。だから、私は、自分の執筆する本は、胡散臭くはあっても、役に立つだろうと信じている。同じ気持ちを読者のみなさんにわかってもらえれば幸いだ。

今回、文庫化されることになり、著者としては大変に嬉しく思っている。

単行本を書いた当時は、人と対面しながらやりとりをする状況を想定していたが、本書で紹介してきたテクニックは、コロナ禍のようなリモート状況でも、十分に応用可能なテクニックばかりであることは言うまでもない。

どんどん、本書のテクニックを利用していただければ幸いだ。

最後に、読者のみなさんにもお礼を申し述べておきたい。

本書をお読みくださり、ありがとうございました。心より感謝いたします。人生はこれからです。頑張っていきましょう、僕も、みなさんも。

内藤誼人

trust? Communication Research, 30, 504-529.

- Vrij, A., Edward, K., Roberts, K. R., & Bull, R. 2000 Detecting deceit via analysis of verbal and nonverbal behavior. Journal of Nonverbal Behavior, 24, 239-263.
- Walter,E., Walter, W., Piliavin, J., & Schmidt, L. 1973 "Playing hard to get": Understanding an elusive phenomenon. Journal of Personality and Social Psychology, 26, 113-121.
- Wanous, J. P. 1974 Individual differences and reactions to job characteristics. Journal of Applied Psychology, 59, 616-622.
- Wathieu, L., Muthukrishnan, A. V., & Bronnenberg, B. J. 2004 The asymmetric effect of discount retraction on subsequent choice. Journal of Consumer Research, 31, 652-657.
- Winkielman, P., Berridge, K. C., & Wilbarger, J. L. 2005 Unsonscious affective reactions to masked happy versus angry faces influence consumption behavior and judgments of value. Personality and Social Psychology Bulletin, 31, 121-135.
- Zuckerman, M., DeFrank, R. D., Hall, J. A., Larrance, D. T., & Rothental, R. 1979 Facial and vocal cues of deception and honesty. Journal of Experimental Social Psychology, 15, 378-396.
- Zuckerman, M., Hodgins, H., & Miyake, K. 1990 The vocal attractiveness stereotype: Replication and elaboration. Journal of Nonverbal Behavior, 14, 97-112.
- Zuckerman, M., & Miyake, K. 1993 The attractive voice: What makes it so? Journal of Nonverbal Behavior, 17, 119-135.

■ 向谷匡史　2002　ホストの実戦心理術　KKベストセラーズ
■ Murphy, N. A., Hall, J. A., & Colvin, C. R. 2003 Accurate intelligence assessments in social interactions: Mediators and gender effects. Journal of Personality, 71, 465-493.
■ 長野慶太　2007　部下は育てるな！　取り替えろ!!　光文社
■ 中村功　1997　非エリートがエリートに勝つ日　東洋経済新報社
■ Newhagen, J. E., & Reeves, B. 1992 The evening's bad news: Effects of compelling negative television news images on memory. Journal of Communication, 42, 25-41.
■ Packwood, W. T. 1974 Loudness as a variable in persuasion. Journal of Counseling Psychology, 21, 1-2.
■ ペル, A. R.（青柳孝直訳）　2002　世界一わかりやすい人材マネジメント　総合法令
■ Ramsey, R. P., & Sohi, R. S. 1997 Listening to your customers: The impact of perceived salesperson listening behavior on relationship outcomes. Journal of Academy of Marketing Science, 25, 127-137.
■ Rassin, E., & Muris, P. 2005 Why do women swear? An exploration of reasons for and perceived efficacy of swearing in Dutch female students. Personality and Individual Differences, 38, 1669-1674.
■ Schneider, K., & Josephs, I. 1991 The expressive and communicative functions of preschool children's smiles in an achievement situation. Journal of Nonverbal Behavior, 15, 185-198.
■ Sprecher, S., & Duck, S. 1994 Sweet talk: The importance of perceived communication for romantic and friendship attraction experienced during a get-acquainted date. Personality and Social Psychology Bulletin, 20, 391-400.
■ ストーン, D., パットン, B., & ヒーン, S.（松本剛史訳）　1999　言いにくいことをうまく伝える会話術　草思社
■ Tian, K., & Belk, R. W. 2005 Extended self and possessions in the workplace. Journal of Consumer Research, 32, 297-310.
■ Tsakanikos, E., & Claridge, G. 2005 More words, less words: Verbal fluency as a function of "positive" and "negative" schizotypy. Personality and Individual Differences, 39, 705-713.
■ Tsfati, Y., & Cappella, J. N. 2003 Do people watch what they do not

Family, 45, 671-678.

■ Komarraju, M., & Karau, S. J. 2005 The relationship between the big five personality traits and academic motivation. Personality and Individual Differences, 39, 557-567.

■ 小山政彦 2001 「ダメな部下」を戦力化する法 大和出版

■ Kraut, R. E. 1978 Verbal and nonverbal cues in the perception of lying. Journal of Personality and Social Psychology, 36, 380-391.

■ Kraut, R. E. 1980 Humans as lie detectors. Journal of Communications, 30, 209-216.

■ Lerner, J. S., & Keltner, D. 2000 Beyond valence: Toward a model of emotion specific influences on judgment and choice. Cognition and Emotion, 14, 493-743.

■ Littlepage, G. E., & Pineault, M. A. 1985 Detection of deception of planned and spontaneous communications. Journal of Social Psychology, 125, 195-201.

■ 増田剛己 1992 こんなとき、こんな言い方 日本能率協会マネジメントセンター

■ McAndrew, F. T., Bell, E. K., & Garcia, C. M. 2007 Who do we tell and whom do we tell on? Gossip as a strategy for status enhancement. Journal of Applied Social Psychology, 37, 1562-1577.

■ Miceli, M. P., & Near, J. P. 2002 What makes whistle-blowers effective? Three field studies. Human Relations, 55, 455-479.

■ Miller, M. G., & Miller, K. 1997 Effects of situational variables on judgments about deception and detection accuracy. Basic and Applied Social Psychology, 19, 401-410.

■ Montepare, J. M. 1995 The impact of variations in height on young children's impressions of men and women. Journal of Nonverbal Behavior, 19, 31-47.

■ Moore, R. S. 2005 The sociological impact of attitudes toward smoking: Secondary effects of the demarketing of smoking. Journal of Social Psychology, 145, 703-718.

■ Moreland, R. L., & Beach, S. R. 1992 Exposure effects in the classroom: The development of affinity among students. Journal of Experimental Social Psychology, 28, 255-276.

■ Decker, W. H., & Rotondo, D. M. 1999 Use of humor at work: Predictors and implications. Psychological Reports, 84, 961-968.

■ Frank, M. G., & Ekman, P. 1997 The ability to detect deceit generalizes across different types of high-stake lies. Journal of Personality and Social Psychology, 72, 1429-1439.

■ Feeley, T. H., & deTurck, M. A. 1998 The behavioral correlates of sanctioned and unsanctioned deceptive communication. Journal of Nonverbal Behavior, 22, 189-204.

■ Gadzella, B. M., Ginther, D. W., & Williamson, J. D. 1987 Study skills, learning processes and academic achievement. Psychological Reports, 61, 167-172.

■ Gifford, R., Ng, C. F., & Wilkinson, M. 1985 Nonverbal cues in the employment interview: Links between applicant qualities and interviewer judgments. Journal of Applied Psychology, 70, 729-736.

■ Granhag, P. A., & Stromwall, L. A. 2001 Deception detection: Interrogators' and observers' decoding of consecutive statements. Journal of Psychology, 135, 603-620.

■ Hemsley, G. D., & Doob, A. N. 1978 The effect of looking behavior on perceptions of a communicator's credibility. Journal of Applied Social Psychology, 8, 136-144.

■ Hess, B., Sherman, M. F., & Goodman, M. 2000 Eveningness predicts academic procrastination: The mediating role of neuroticism. Journal of Social Behavior and Personality, 15, 61-74.

■ Johnson, W., Bouchard, Jr. T. J., Segal, N. L., & Samuels, J. 2005 General intelligence and reading performance in adults: Is the genetiv factor structure the same as for children. Personality and Individual Differences, 38, 1413-1428.

■ Kappas, A., Hess, U., Barr, C. L., & Kleck, R. E. 1994 Angle of regard: The effect of vertical viewing angle on the perception of facial expressions. Journal of Nonverbal Behavior, 18, 263-283.

■ Kashy, D. A., & DePaulo, B. M. 1996 Who lies? Journal of Personality and Social Psychology, 70, 1037-1051.

■ King, C. E., & Christensen, A. 1983 The relationship events scale: A Guttman scaling of progress in courtship. Journal of Marriage and the

参考文献

■ Akehurst, L., & Vrij, A. 1999 Creating suspects in police interviews. Journal of Applied Social Psychology, 29, 192-210.

■ Anolli, L., & Ciceri, R. 1997 The voice of deception: Vocal strategies of naive and able liars. Journal of Nonverbal Behavior, 21, 259-284.

■ Barber, N. 2001 Mustache fashion covaries with a good marriage market for women. Journal of Nonverbal Behavior, 25, 261-272.

■ Bayliss, A. P., Paul., M. A., Cannon, P. R., & Tipper, S. P. 2006 Gaze cuing and affective judgments of objects: I like what you look at. Psychonomic Bulletin & Review, 13, 1061-1066.

■ Becker, F. D., Sommer, R., Bee, J., & Oxley, B. 1973 College classroom ecology, 514-525.

■ Bell, K. L., & DePaulo, B. M. 1996 Liking and lying. Basic and Applied Social Psychology, 18, 243-266.

■ Bond, C. F., Kahler, K. N., & Paolicelli, L. M. 1985 The miscommunication of deception: An adaptive perspective. Journal of Experimental Social Psychology, 21, 331-345.

■ ブランチャード, K.（曽田和子訳） 2000 リーダーシップが人を動かす 無名舎

■ Campbell, J. D. 1990 Self-esteem and clarity of the self-concept. Journal of Personality and Social Psychology, 59, 538-549.

■ Campbell, J. B., & Hawley, C. W. 1982 Study habits and Eysenck's theory of extraversion-introversion. Journal of Research in Personality, 16, 139-146.

■ Chu, A. H. C., & Choi, J. N. 2005 Rethinking procrastination: Positive effects of "active" procrastination behavior on attitude and performance. Journal of Social Psychology, 145, 245-264.

■ Costa, M., Dinsbach, W., Manstead, A. S. R., & Bitti, P. E. R. 2001 Social presensce, embarrassment, and nonverbal behavior, 25, 225-240.

■ Dabholkar, D., & Kellaris, J. J. 1992 Toward understanding marketing students' ethical judgment of controversial personal selling practices. Journal of Business Research, 24, 313-329.

本書は、2008年4月、小社から単行本で刊行された
『ホンネを誰にも読ませない超心理術』
を改題し、加筆修正のうえ、文庫化したものです。

一〇〇字書評

切り取り線

購買動機（新聞、雑誌名を記入するか、あるいは○をつけてください）	
□（　　　　　　）の広告を見て	
□（　　　　　　）の書評を見て	
□ 知人のすすめで	□ タイトルに惹かれて
□ カバーがよかったから	□ 内容が面白そうだから
□ 好きな作家だから	□ 好きな分野の本だから

●最近、最も感銘を受けた作品名をお書きください

●あなたのお好きな作家名をお書きください

●その他、ご要望がありましたらお書きください

住所	〒				
氏名		職業		年齢	
新刊情報等のパソコンメール配信を 希望する・しない	Eメール	※携帯には配信できません			

あなたにお願い

この本の感想を、編集部までお寄せいただけたらありがたく存じます。今後の企画の参考にさせていただきます。Eメールでも結構です。

いただいた「一〇〇字書評」は、新聞・雑誌等に紹介させていただくことがあります。その場合はお礼として特製図書カードを差し上げます。

前ページの原稿用紙に書評をお書きの上、切り取り、左記までお送り下さい。宛先の住所は不要です。

なお、ご記入いただいたお名前、ご住所等は、書評紹介の事前了解、謝礼のお届けのためだけに利用し、そのほかの目的のために利用することはありません。

〒一〇一－八七〇一
祥伝社黄金文庫編集長　萩原貞臣
☎〇三（三二六五）二〇八四
ohgon@shodensha.co.jp

祥伝社ホームページの「ブックレビュー」からも、書けるようになりました。
www.shodensha.co.jp/bookreview

祥伝社黄金文庫

ホンネを隠《かく》すと仕事《しごと》はうまくいく
——できる人《ひと》がみんな使《つか》っている超心理術《ちょうしんりじゅつ》

令和2年10月20日　初版第1刷発行

著　者　内藤誼人《ないとうよしひと》
発行者　辻　浩明
発行所　祥伝社《しょうでんしゃ》
〒101−8701
東京都千代田区神田神保町3−3
電話　03（3265）2084（編集部）
電話　03（3265）2081（販売部）
電話　03（3265）3622（業務部）
www.shodensha.co.jp/

印刷所　錦明印刷
製本所　ナショナル製本

Printed in Japan　© 2020, Yoshihito Naitou　ISBN978-4-396-31793-5 C0130

祥伝社黄金文庫

和田秀樹

頭をよくする ちょっとした「習慣術」

「ちょっとした習慣」でまだ伸びる！「良い習慣を身につけることが学習進歩の王者」と渡部昇一氏も激賞。

和田秀樹

人づきあいが楽になる ちょっとした「習慣術」

対人関係の感覚が鈍い「人間音痴」な人々――彼らとどう接する？ また自分が「音痴」にならないためには？

和田秀樹

会社にいながら年収3000万を実現する 「10万円起業」で金持ちになる方法

実は、会社に居続けるほうが「成功の芽」を見つけやすい。小資本ビジネスで稼ぐノウハウが満載。

和田秀樹

お金とツキを呼ぶ ちょっとした「習慣術」

実は、科学的に運をつかむ方法が存在していた！ 和田式「ツキの好循環」モデルをこっそり伝授。

和田秀樹

負けない 大人のケンカ術

負けぬが勝ち！「九勝一敗より一勝九分のほうがよい」――「倍返し」できなくても勝ち残る方法があった！

和田秀樹

人生が変わる 「感情」を整える本

感情は表に出していいのです。「感情コントロール」の技術を習得すれば、仕事も人間関係もうまくいく！

祥伝社黄金文庫

美月あきこ
ファーストクラスに乗る人のシンプルな習慣
3%のビジネスエリートが実践していること
CAだけが知る、成功者の共通点は、今すぐ実践できることばかり!「人生逆転」「商売繁盛」のヒントが満載!

美月あきこ
ファーストクラスに乗る人のシンプルな習慣2
3%の成功者が実践する「聞き方」「伝え方」
成功者は会話だけで魅了する〝人たらし〟だった――なぜ人を動かせるのか? そのコミュニケーション術を学ぶ。

荒井弥《や》栄《え》
ビジネスで信頼される
ファーストクラスの英会話
元JAL国際線CAの人気講師が、ネイティブにも通用するワンランク上の「英語」を徹底レッスン!

荒井弥栄
ファーストクラスの英会話
電話・メール・接待・交渉編
大事な交渉の席で、相手にケンカを売るような英語を使っていませんか? その英語、実はこんなに危険です!

石原　明
イヤな客には売るな!
あなたの仕事がうまくいかない本当の理由
儲かっている会社は、お客様を「選別」しているのだとか。〝石原式4サイクル販売戦略〟とは?

荒井裕樹
プロの論理力!
トップ弁護士に学ぶ、相手を納得させる技術!
年収4億を捨て、32歳でMBA取得のため米国へ! キャリアUPして帰国した著者の「論理的交渉力」の秘密。

祥伝社黄金文庫

石原加受子《かずこ》
「もうムリ！」しんどい毎日を変える41のヒント
「何かいいことないかなぁ」が口癖のあなたに。心の重荷を軽～くして、今よりずっと幸せになろう！

石原加受子
逃げだしたくなったら読む本
「逃げる」とは「自分を守る」こと。逃げたいときは踏んばらない！「休みたい自分」を心から許してあげましょう。

植西 聰《あきら》
悩みが消えてなくなる60の方法
今、悩みがありますよね？ 心配する必要はありません！ この方法で悩みなんか消えてしまいます。

植西 聰
弱った自分を立て直す89の方法
落ちこんでも、すぐに立ち直れる人はここが違う！ 人生の〝ツライこと〟を受け流すための小さなヒント。

川北義則
ミドル世代の危機を乗り越える！
45歳からやり直す最高の人生
「自分の人生、これでいいのか」と思ったら、これまでの価値観を見直すことが重要。躓《つまず》かないためのヒント49。

木山泰嗣《ひろつぐ》
弁護士が教える
本当は怖いハンコの話
宅配便の受け取り、部下の書類……気楽に捺すそのハンコが、後で取り返しのつかないことになる⁉

祥伝社黄金文庫

遠藤周作
信じる勇気が湧いてくる本
苦しい時、辛い時、恋に破れた時、生きるのに疲れた時……ちょっとだけ視点を変えてみませんか?

遠藤周作
愛する勇気が湧いてくる本
恋人・親子・兄弟・夫婦……あなたの思いはきっと届く! 著者が遺《のこ》してくれた珠玉の言葉。

斎藤茂太
いくつになっても「輝いている人」の共通点
今日からできる、ちょっとした工夫とテクニック。健康・快食快眠・笑顔・ボケ知らずを目指せ!

斎藤茂太
絶対に「自分の非」を認めない困った人たち
「聞いてません」と言い訳、「私のせいじゃない」と開き直る……。「すみません」が言えない人とのつき合い方。

斎藤茂太
いくつになっても「好かれる人」の理由
自分にも他人にも甘く。それでいい。人間関係が人生の基本。人生を楽しむ、ちょっとしたコツを教えます。

瀬戸内寂聴
寂聴生きいき帖
切に生きるよろこび、感動するよろこび、感謝するよろこび……ただ一度しかない人生だから!